CITY|TRIP

ORLANDO

Inhalt

Abends ist der Springbrunnen im Lake Eola ㉒ hübsch beleuchtet (001or©rabbit75_fot - stock.adobe.com)

79 Orlando verstehen

93 Praktische Reisetipps

Zeichenerklärung

★★★ nicht verpassen
★★ besonders sehenswert
★ wichtig für speziell interessierte Besucher

[A1] Planquadrat im Kartenmaterial. Orte ohne diese Angabe liegen außerhalb unserer Karten. Ihre Lage kann aber wie die von allen Ortsmarken mithilfe der begleitenden Web-App angezeigt werden (s. S. 144).

Updates zum Buch

www.reise-know-how.de/citytrip/orlando19

Vorwahlen

- **USA:** 001
- **Orlando:** 407

Für Ferngespräche innerhalb der USA muss man die 1 und dann die vollständige Rufnummer inklusive Ortsvorwahl wählen (s. S. 118).

129 Anhang

Orlando ist seit vielen Jahren ein Touristenmagnet. Vor allem die Themenparks ziehen Urlauber aus aller Welt an und bieten stetig Neues, um auch zu einem zweiten und dritten Besuch zu motivieren. Aber auch Orlandos Gastronomieszene ist rührig und erfindet sich ständig neu.

Gastronomietipp

Seit Mai 2018 ist die Wine Bar George (s. S. 69) in Disney Springs geöffnet. Meister-Sommelier George Miliotes serviert Weine aus der ganzen Welt und natürlich auch allerlei leckere Gerichte.

Neues aus den Themenparks

Nahezu alle Parks planen für 2019 neue Attraktionen, z. B. „Stars Wars – Secrets of the Empire" in Disney Springs (s. S. 70), „Toy Story Land" in Disney's Hollywood Studios (s. S. 40) und ein „Fast & Furious"-Rennen in den Universal Studios (s. S. 21), wo auch eine neue Nighttime Lagoon Show mit Licht- und Soundeffekten eröffnet. Sea World (s. S. 28) erhält „Infinity Falls", eine Geschichte zum Thema Wasser und gleichzeitig ein Fahrgeschäft, das seine Gäste senkrecht bis zu 12 m hochkatapultiert und dann in einer Wildwasserbahn herunterschießen lässt.

Den Sternen so nahe

Seit Frühjahr 2018 ist der StarFlyer am International Drive bereit zum Flug. An gut 130 Meter hohen Masten werden die Sitze eines Kettenkarussells in die Höhe gezogen, während sie mit bis zu 90 km/h um den Mast rotieren. Ein besonders tolles Erlebnis, vor allem bei der wechselnden Beleuchtung am Abend (s. S. 26).

002or©Oleksandr Zhukov - stock.adobe.com

Klaudia und Eberhard Homann

CITY|TRIP ORLANDO

Nicht verpassen!

1 Universal Studios [B11]
Ein Freizeitpark der Superlative. In den Universal Studios werden (Film-) Abenteuer „wahr“ und es gibt Nervenkitzel pur (s. S. 21).

3 Titanic [A13]
Unterhaltsame und informative Führung durch (nachgebaute) Teile des Luxusliners, dessen Jungfernfahrt so tragisch endete. Man meint fast, man wäre selbst dabei gewesen (s. S. 24).

7 ICON Orlando 360 [B15]
Orlando von oben genießen: Eine geruhsame Fahrt in den gläsernen Kabinen des Riesenrads am International Drive erlaubt einen herrlichen Blick über die Region (s. S. 26).

10 Wonderworks [A16]
In einem auf dem Kopf stehenden Haus werden die Wunder der Natur (-wissenschaften) anschaulich und zum Anfassen präsentiert (s. S. 27).

22 Lake Eola Park [J7]
Mitten in Downtown ist der Lake Eola eine grüne Oase und bietet Ruhe vom Trubel der Stadt (s. S. 35).

25 Walt Disney World Resort [Faltplan]
Hier werden Kinderträume wahr und die etwas älteren Besucher können ihren Adrenalinspiegel bei atemberaubenden Achterbahnfahrten an den Anschlag bringen (s. S. 39).

29 Medieval Times Dinner & Tournament [Faltplan]
In einer „mittelalterlichen“ Burg kämpfen stolze Ritter auf noch stolzeren Rössern um die Gunst der Prinzessin. Die Gäste schauen, staunen, jubeln und schlemmen dabei Hausmannskost (s. S. 44).

30 Kennedy Space Center [Faltplan]
Die Faszination der Eroberung des Weltalls ist hier allgegenwärtig. Neben vielen Ausrüstungsgegenständen kann man auch Mondgestein anfassen (s. S. 45).

31 Revolution Off Road [Faltplan]
Mit dem Quad braust man über sandige Wege, durch seichte Bäche oder sumpfige Areale – Off-Road-Spaß pur (s. S. 48).

32 Circle B Bar Nature Reserve [Faltplan]
Hier laufen bzw. schwimmen die Alligatoren frei herum, Greifvögel warten auf Beute und Naturfreunde wandern auf gut ausgebauten Pfaden (s. S. 49).

Leichte Orientierung mit dem cleveren Nummernsystem

Die Sehenswürdigkeiten sind im Text und im Kartenmaterial mit derselben **magentafarbenen ovalen Nummer** 1 markiert. Alle anderen Lokalitäten wie Geschäfte, Restaurants usw. tragen ein **Symbol und eine fortlaufende rote Nummer** (1). Die Liste aller Orte befindet sich auf Seite 141, die Zeichenerklärung auf Seite 143.

ORLANDO ENTDECKEN

Willkommen in Orlando

Wer im Bekanntenkreis erzählt, dass er nach Orlando fährt, wird mit großer Sicherheit gefragt, ob er nur einen oder alle Freizeitparks besuchen möchte. So sehr ist das Image der Stadt als Freizeitpark-Mekka geprägt. Doch Orlando ist viel mehr. Aber was genau?

Da ist natürlich für die meisten zuerst einmal der internationale **Flughafen** im Osten des Stadtgebiets. Von hier aus zieht es die meisten Touristen zum südwestlich gelegenen Bereich rund um den **International Drive** (s. S. 20, auch I-Drive genannt) bzw. zum **Walt Disney World Resort** 25 (noch südlicher) oder nach **Kissimmee** (s. S. 42, ebenfalls südlich des Airports), denn hier befinden sich die bekannten Attraktionen/Freizeitparks. Soweit, so bekannt, doch es lohnt eben auch, **Downtown** (s. S. 30), das eigentliche Orlando nördlich der Freizeitparks, zu besuchen. Beim Schlendern durch die Straßen fasziniert der gelungene Mix aus modernen und historischen Bauten, an etlichen Stellen findet man öffentlich zugängliche Skulpturen und immer wieder ruhige Grünanlagen, z. B. rund um den Lake Eola 22.

Noch etwas weiter nördlich sind es dann die Vororte **Winter Park** (s. S. 37) und **Maitland**, fast schon eigene Kleinstädte, die mit ihrer ruhigen Idylle und den vielen Gewässern Besucher begeistern.

Wer nur einen der Parks besuchen möchte und dann auch noch in einem angeschlossenen (teuren) Hotel/Resort wohnt, kann getrost auf einen Mietwagen verzichten, da üblicherweise ab dem Airport ein Shuttleservice angeboten wird. Wer allerdings mehrere Parks besuchen möchte, in einem Hotel in der Umgebung wohnt und dann auch die Umgebung erkunden will, muss einen **Mietwagen** buchen – die Entfernungen sind einfach zu groß. Aber keine Angst, an vielen Stellen kann der Wagen dann stehen bleiben. So sind Winter Park, Downtown und der International Drive sehr gut geeignet, um **zu Fuß erkundet** zu werden. Wohnt man also im I-Drive-Gebiet, kann man die langgezogene Straße von etlichen Hotels in 5 bis 15 Minuten fußläufig erreichen und dann an ihr entlangflanieren. Und spätestens hier kann man dann den regelmäßig fahrenden **I-RIDE Trolley** (s. S. 126) nutzen, um zum eigentlichen Ziel an der Straße zu gelangen. Auch in Downtown gibt es das gut funktionierende **Lymmo-Bussystem**, das zudem noch gratis ist (s. S. 125).

Will man keinen der großen Freizeitparks besuchen, ist man, egal ob als Erwachsener oder Familie mit Kindern, vor allem im Bereich des **I-Drive** gut aufgehoben. Hier findet man „kleinere" (weniger zeitaufwendige) Attraktionen wie Wonderworks 10, ICON Orlando 360° 7, Titanic 3 oder Minigolfplätze (s. S. 112), zahllose Restaurants, quirliges Nightlife und Shoppingareale für Schnäppchenjäger.

Wem das alles zu wenig Naturerlebnis bedeutet, der sollte unbedingt über das eigentliche Stadtgebiet hinausschauen. Überall locken hier die klassischen Sumpflandschaften Floridas mit ihrer eindrucksvollen Tier- und Pflanzenwelt zu Erkundungen. Neben zooähnlichen Anlagen wie Wild Florida 33, in denen die Begegnung mit Schlangen, Alligatoren, Wildkatzen und zahlreichen Vogelarten garantiert, aber eben meist durch

003or-ho

Gehege reglementiert bzw. nur vom Airboat aus möglich ist, findet im Gebiet des Circle B Bar Nature Reserve 32 im Süden Orlandos das unmittelbare Naturerlebnis statt. Das Gebiet kann auf z. T. stundenlangen Wanderungen erkundet werden, dabei raschelt es schon mal nahe am Fuß und eine Schlange kriecht vorbei, ein Alligator liegt auf dem Weg oder Greife lassen sich bei Jagd und Aufzucht beobachten.

Und all diese unterschiedlichen Freizeitmöglichkeiten ergeben dann auch die **Faszination Orlandos.** Da kann man an einem Tag in die Märchenwelt von Disney eintauchen, abends das Nightlife von Disney Springs (s. S. 70) oder am I-Drive genießen, am nächsten Tag einen Spaziergang rund um den Lake Eola in Downtown machen, anschließend auf Schnäppchenjagd in den Premium Outlets (s. S. 72) gehen und am späten Nachmittag die Natur des Circle B Bar Nature Reserve erkunden. Der möglichen Reiseplanung werden in Orlando kaum Grenzen gesetzt.

Kurztrip nach Orlando

Um Orlando richtig zu erleben, benötigt man Zeit. In drei Tagen kann man ein umfangreiches Programm (inkl. einen der großen Parks) absolvieren, entdecken, ausprobieren und genießen. Wenn man noch mindestens einen Tag anhängt, kann man noch einen weiteren Freizeitpark erkunden (aber Achtung, die Parks sind im Prinzip auf mindestens einen ganztägigen Besuch ausgelegt).

Bleibt man tatsächlich nur für einen Kurzurlaub und möchte viel sehen, muss man die Aufenthaltsdauer in den Parks auf etwa vier Stunden kürzen, um am selben Tag noch möglichst viele andere Attraktionen zu er-

Idyllische Parklandschaft mitten in der Stadt: der Lake Eola Park 22

S. 6: Das ICON Orlando 360° 7 ist fast schon eine Art Wahrzeichen des International Drive

EXTRATIPP

Orlando von oben

Das Riesenrad **ICON Orlando 360** 7 ermöglicht aus langsam fahrenden Gondeln in maximal 122 m Höhe einen herrlichen Blick über den Bereich rund um den International Drive und die umliegenden Gebiete (bis zur Silhouette von Downtown).

Einen tollen Blick über große Bereiche des Disney-Imperiums kann man bei den **Aerophile Balloon Rides at Disney Springs** bekommen. Bis zu 29 Gäste können im Heißluftballon etwa 130 m hoch in die Luft steigen. Allerdings steht man nicht in einem klassischen Korb, sondern in einem netzbespannten Ring, sodass man auch in der Mitte zum Boden sehen kann. Der Ballon steigt auch nur über der Lagune in Disney Springs in die Höhe. Wie bei allen Ballonfahrten rund um Orlando entscheidet das Wetter, ob die Fahrt stattfindet oder nicht.

- 1 **Aerophile Balloon Rides at Disney Springs,** 1512 Buena Vista Dr., Tel. 407-9339433, www.charactersinflight.com, Öffnungszeiten: tgl. 9–23 Uhr (wetterabhängig), Tickets: Erw. $ 20, Kinder $ 15

005or-ho

Ebenfalls einen guten Überblick über weite Bereiche des südlichen Teils von Orlando versprechen **Helikopterflüge** ab den Premium Outlets Vineland Avenue.

- 2 **Air Force Fun Helicopter Tours,** 12211 Regency Village Dr., Tel. 407-8421446, wwwairforcefun.com, tgl., Preise: je nach Tour zwischen $ 36,21 (Kinder $ 30,89) für etwa 5 Minuten und $ 125,67 (Kinder $ 106,48) für etwa 25 Minuten

Den schönsten, vor allem ruhigsten Blick über die Region bietet das mehrstündige Erlebnis mit **Orlando Balloon Rides** (s. S. 118). Hier geht es sehr früh los, sodass man den Aufgang der Sonne tatsächlich in der Luft erleben kann, ein besonders eindrucksvolles Erlebnis. Fast geräuschlos gleitet die Gondel hoch über der Landschaft aus Wäldern, Wiesen und Sümpfen. Alle wichtigen Informationen geben die versierten Piloten.

Mit dem Ballon über Orlando – es gibt wohl kaum eine entspanntere Art, das Terrain zu erkunden

kunden. Man sollte sein Programm im Vorfeld gut ausarbeiten, da die Entfernungen nicht unerheblich und Staus auf den großen Zubringerstraßen an der Tagesordnung sind.

Erster Tag

Natürlich sind die Hauptbesuchermagneten in Orlando die Themenparks **Disney World** 25 oder **Universal Studios** 1. In jedem Fall ist man mit den Attraktionen dort mindestens einen Tag beschäftigt. Wer keine Lust darauf hat und lieber einen Teil der Stadt erkunden möchte, kann dem ab Seite 15 beschriebenen **Stadtspaziergang** folgen.

Zweiter Tag

Heute geht es in den Bereich der **Unterhaltungsparks.** Das bedeutet aber auch, Schlange zu stehen und viel zu Fuß unterwegs zu sein, und das alles (je nach Jahreszeit) unter tropischer Sonneneinstrahlung.

Zunächst sollte man früh aufstehen, um zu den ersten Parkgästen zu gehören, denn dann kann man nah am Eingang parken und auf kürzere Wartezeiten beim Ticketkauf, dem Security Check und an den Attraktionen hoffen. Auch sollte man ausgiebig frühstücken, denn natürlich gibt es Restaurants und Imbissbuden in den Parks, aber erstens sind die Gerichte dort teuer und zweitens muss man vermutlich wieder anstehen. Wer mag, kann sich ein paar Snacks einpacken. Auf jeden Fall sollte man aber Trinkwasser (nur Plastikflaschen!) bei sich führen.

Mit dem Auto geht es über die I4 bis zur Ausfahrt „Central Florida Parkway" und zur **Sea World** 11. Je früher man hier startet, desto besser ist es, denn der Park hat viel zu bieten. Delfin-, Robben- und (derzeit noch) Orca-Shows finden mehrfach täglich statt. Touren führen zu Seekühen, Rochen, Pinguinen, Robben, Haien und Beluga-Walen, hinzukommen zahlreiche Fahrgeschäfte, die entweder nur mit Nervenkitzel reizen (durch irre Achterbahnfahrten) oder es zugleich auch noch schaffen, die Fahrgäste mehr oder weniger stark zu durchnässen, wenn die Fahrt im Wasser endet oder es zumindest durchquert. Am Eingang bekommt man eine Karte des Parks und kann unter Berücksichtigung der aktuellen Showzeiten den Kurzaufenthalt gut planen.

Am frühen Nachmittag heißt es Abschied nehmen, denn nun geht es zum Park **Discovery Cove** 12, dem Schwes-

006or-ho

Sonne satt und auch die Gaumenfreuden kommen in Orlando nie zu kurz

terpark von Sea World. „Nur auf der anderen Straßenseite" des Central Florida Parkway, aber dennoch etwa zwei Kilometer entfernt, befindet sich das Areal, in dem das Thema „Wasser" auf andere Art behandelt wird. Hier kann man den ganzen Tag am künstlichen Strand liegen, ein (künstliches) Riff mit allerlei tropischen Fischen erschnorcheln, im Süßwasser mit Ottern baden, eventuell mit Delfinen oder auch Haien schwimmen bzw. einmal (fast richtig) tauchen, indem man im Seaventure mit Helmen, die mithilfe von Schläuchen mit Außenluft versorgt werden, auch längere Zeit im Riff verbringt. Der ganze Spaß ist mit Preisen ab $ 170/Person nicht billig (und wer mit Delfinen schwimmen möchte, zahlt noch erheblich mehr), dafür sind im Preis aber das Parken, Essen und Getränke für den ganzen Tag sowie der einmalige Eintritt in Sea World und im Aquatica 13 (an einem anderen Tag) enthalten.

Je nachdem, wie lange man es im Wasser ausgehalten hat, kann man nun überlegen, noch einen kurzen Abstecher zu den **Premium Outlets Vineland Avenue** (s. S. 73) zu unternehmen. Der schnellste Weg führt über den Central Florida Parkway zurück zur I4 in Richtung „South". An der Abfahrt 68 fährt man auf die 535 East (S Apopka Vineland Rd.) und biegt an der nächsten Kreuzung links auf die Vineland Ave. ab. Parallel zur I4 kommt man so unweigerlich zur Mall. Alle bekannten Marken buhlen hier um die Gunst, vor allem aber um das Geld der Kunden. Sparen kann man in jedem Fall, mit einem der Coupon-Hefte (s. S. 105) aber ganz besonders.

Ist auch das Shoppingvergnügen abgehakt, geht es zurück auf die S Apopka Vineland Rd., dieses Mal in Richtung Westen. Unter der I4 hindurch sind es dann noch etwa 250 m, bis man links in den Hotel Plaza Blvd.

Bei dieser Achterbahn in Seaworld 11 braucht man gute Nerven und einen starken Magen!

Im Coca-Cola Store (s. S. 67) gibt es alles, was das Fanherz begehrt

nach **Disney Springs** (s. S. 70) abbiegt. Diese Straße wird dann zum East Buena Vista Drive, von dem aus man auf Parkplätze bzw. in Parkhäuser gelangt. Nun folgt man einfach den Menschenmassen zum Marketplace mit dem Rainforest Cafe (s. S. 63) bzw. dem Restaurant T-Rex (s. S. 111) oder man genießt einfach die herrliche abendliche Atmosphäre am Wasser. Auf einen Drink oder zum Abendessen einkehren zu wollen, ist hier kein Problem, aber leider auch etwas teuer. Man zahlt eben für die Location und den Namen. Wenn man sich etwa 10 Minuten gedulden kann, findet man an der State Road 535 gegenüber der Einfahrt zu Disney Springs ebenfalls diverse Restaurants, von denen zum Beispiel Chevys Fresh Mex (s. S. 63) empfehlenswert ist. Neben gut gekühlten Bieren und leckeren Margaritas gibt es auch gute Enchiladas, Burritos und Fajitas. Der ideale Ausklang eines ereignisreichen Tages.

Dritter Tag

Der heutige Tag steht eher im Zeichen ruhigerer Entdeckungen. Nach einem gemütlichen Frühstück geht es mit dem Auto auf die I4 in Richtung Downtown Orlando. An der Abfahrt 82B fährt man in Richtung City Hall bis zur Kreuzung South Street (das große **Amway Center** 20 befindet sich dann links). Hier biegt man rechts ab und folgt der Straße bis zur Kreuzung Orange Ave., an der man rechts abbiegen muss. Rechterhand steht die City Hall, gegenüber auf der großen Rasenfläche das moderne **Dr. Phillips Center for the Performing Arts** 19. An der nächsten Kreuzung biegt man links auf die Anderson Street und an der nächsten Kreuzung wieder links auf die Rosalind Ave. ab. Auf diese Weise hat man nun drei Seiten des modernen Theater- und Konzertbaus gesehen.

Folgt man der Rosalind Ave. bis zur E Pine Street, kann man hier links ins **Zentrum von Downtown** abbiegen. An der Court Ave. kann man das Auto im Parkhaus des Cobb-Plaza-Bürogebäudes abstellen, sofern man nicht einen der raren Stellplätze am Straßenrand ergattern konnte. Die E Pine Street und die umliegenden Straßen zieren hübsche Ziegelhäuser, z. T. mit bunten Markisen. Sie stehen im krassen Gegensatz zu den modernen Bürogebäuden südlich der Pine Street, zu denen auch das Parkhaus gehört. Durch den Haupteingang des Cobb Plaza kommt man zur Orange Ave., rechts befindet sich eine Filiale der **Corona Cigar Company** (s. S. 36).

Man sollte nun einen Spaziergang durch das Viertel unternehmen, das tagsüber eher von Geschäftsleuten bevölkert ist, abends dann aber zum **Ausgehviertel** wird. In den Straßen rund um die Pine Street findet man zahlreiche Galerien und es lohnt sich auch, die hübsche Architektur zu betrachten.

049or-ho

Wer mag kann, von hier aus bis zurück zum Dr. Phillips Center laufen. Sonst spaziert man auf der Orange Ave. nach Norden bis zum Central Blvd. und biegt hier rechts ab. Nach wenigen Hundert Metern erreicht man wieder die Rosalind Ave. und den gegenüberliegenden **Lake Eola.** Ob man nun den gesamten See umrundet oder nur ein Weilchen am Ufer sitzt, hängt von den individuellen Vorlieben ab. Vielleicht soll es ja auch eine Tretboottour werden?

Wem der Sinn stattdessen nach einer **Bootstour durch Winter Park** steht (s. S. 118), der fährt nun mit dem Auto wieder zurück auf die I4 in Richtung Norden bis zur 426 (W Fairbanks Ave.). Hier fährt man ab und hält sich Richtung Osten (nach rechts). An der Kreuzung S Orlando Ave. biegt man links ab und fährt dann nach etwa

Das gibt es nur in Orlando

- *Mit mehr als 100 Themenparks ist* ***Orlando die Themenpark-Hauptstadt der Welt*** *und bietet dem Besucher von klassischen Unterhaltungsparks über Wissensvermittlung und Naturerlebnisse bis zu atemberaubenden und durchnässenden Wasserparks eine breite Vielfalt.*
- ***Alligatoren mitten in der Stadt:*** *In allen Gewässern (Pools meist ausgenommen) muss man mit den Panzerechsen, die bis zu fünf Metern Länge erreichen, rechnen. Und Achtung: Die Tiere können auch an Land sehr schnell laufen, wenn man sie z. B. beim Sonnenbaden stört.*
- ***Ganzjährig Fotos mit dem Weihnachtsmann machen:*** *Im Christmas Shop in Disney Springs (s. S. 70) kann man jeden Tag im Jahr auf den Weihnachtsmann treffen (hier: Santa Claus genannt) und sich mit ihm (oft in Badeshorts) ablichten lassen.*
- ***Vier außergewöhnliche Bootsfahrten an einem Tag:*** *In Winter Park kann man am Vormittag eine geruhsam-informative Fahrt mit dem Pontonboot (s. S. 118) über Seen und Kanäle unternehmen und vieles zur Geschichte der Region und seiner Bewohner erleben, anschließend in Downtown Orlando mit einem Tretboot im Schwanendesign (s. S. 36) den Lake Eola erkunden, danach mit dem Airboat (s. S. 50) über einen Sumpf in der Umgebung donnern und am späten Nachmittag noch in einem der Wasserparks mit einem „Boot" eine Achterbahn heruntersausen.*

009or-ho

Diese Kiefer lassen nicht mehr los, wenn sie erst zugepackt haben

einer Meile rechts auf den W Morse Blvd. Am Central Park wird der W Morse Blvd. zum E Morse Blvd., auf dem man weiter nach Osten fährt. Irgendwann ist dann der Lake Osceola erreicht, man parkt das Fahrzeug und spaziert zum Anleger für die Tour mit dem Pontonboot. Zunächst geht es auf den See, dann durch Kanäle zu anderen Seen und unterwegs erfährt man immer wieder neue Geschichten über die Region, die Bewohner, das berühmte Rollins College, die Museen am Ufer und natürlich die Regatten, aber auch über die Alligatoren im Wasser. Man genießt die Idylle und die Sonne, sollte aber auf ausreichenden Sonnenschutz achten!

Im Anschluss lohnt es sich, noch ein wenig durch die Straßen rund um den Central Park zu wandern und das besondere Feeling von Winter Park zu genießen, das einst der Rückzugsort reicher Amerikaner aus dem Norden während der Wintermonate war.

Zurück geht es wieder über die I4. Nun steht Shopping auf dem Programm. Je nachdem, was man kaufen möchte, biegt man an der Conroy Road ab und folgt der Ausschilderung zur **Mall at Millenia** (s. S. 71, hier gibt es Luxuswaren und Label, die nicht in Outlets zu finden sind, z. B. Abercrombie & Fitch) oder man fährt auf der Conroy Rd. noch ein Stück weiter in Richtung **Premium Outlets International Drive** (s. S. 72). Hier findet man dann das gesamte Programm international bekannter Marken zu Schnäppchenpreisen. Es spricht natürlich auch nichts dagegen, beide Malls aufzusuchen und dem Einkaufen zu frönen, denn beide Shoppingtempel haben in der Woche bis 22 Uhr geöffnet. Essen kann man entweder zwischendurch im Food Court oder später in einem der Diner am I-Drive.

Stadtspaziergänge

International Drive

Ein Spaziergang an Orlandos International Drive ist im Autofahrerland Florida und ganz besonders in Orlando eigentlich unüblich, dafür aber dann auch um so reizvoller. Es werden auf dem hier beschriebenen Weg etwa 2,5 Meilen zurückgelegt, was etwa vier Kilometern entspricht. Würde man diese Entfernung ohne Pause abgehen, wäre man etwa 40 Minuten unterwegs, mit verschiedenen Pausen (z. B. für kurze Besichtigungen) sollte man zwischen **drei und vier Stunden** einplanen.

Zunächst einmal gilt es, einen guten Parkplatz (möglichst kostenlos) zu ergattern. Tagsüber geht das verhältnismäßig unproblematisch auf der Parkfläche östlich des International Drive, wenige Meter südlich der Kreuzung mit der Sand Lake Road [B14]. Dieser Platz ist zudem recht leicht erreichbar, da es hier unmittelbar eine Ab-/Auffahrt zur I4 gibt.

Wenn man hinter dem Restaurant-/Geschäftskomplex geparkt hat, geht es zurück zum International Drive. Blickt man nach links, kann man schon das **ICON Orlando 360** 7 erkennen, rechts sind es weniger markante Attraktionen, als die schier unüberschaubare Zahl an Werbetafeln, leuchtenden Restaurant-, Hotel- und Geschäftsschildern, die einem auffallen, wobei die westliche und östliche Straßenseite durch den vierspurigen

Routenverlauf im Stadtplan

Die hier beschriebenen Spaziergänge sind mit farbigen Linien im Stadtplan eingezeichnet.

010or-ho

International Drive getrennt sind. Da der Parkplatz östlich der Straße liegt, bleibt man auf dieser Straßenseite und hält sich nach Norden. Vorbei an den zahllosen Geschäften und Restaurants geht es etwa 800 Meter auf dem Bürgersteig entlang. Gegenüber dem Fast-Food-Restaurant Chuck E Cheese's steht ein Gebäude, auf dessen Front unübersehbar ein riesiges Schiff die Wellen durchschneidet. Hier muss der International Drive überquert werden. Wer das Schiff jetzt noch nicht erkannt hat, es handelt sich um die **Titanic** 3. Im Gebäude kann man an einer Tour teilnehmen, die jeden Besucher zum Gast der letzten Fahrt des Ozeanriesen

Vom ICON Orlando 360° 7 *hat man einen tollen Ausblick auf den International Drive*

werden lässt – ein eindrucksvolles Erlebnis. Schon im Foyer bekommt man ein Gefühl für die „Überfahrt", im Souvenirshop kann man allerlei Krimskrams, aber auch Interessantes sehen und kaufen.

Nach einem kurzen Blick in das Foyer geht es zurück nach Süden. Gleich neben der Titanic-Ausstellung gelangt man zum **Zombie Outbreak** 4. Liebhaber von Zombiefilmen können sich damit vergnügen, Untote mit real aussehenden Waffen zu erschießen und (jeweils entsprechend dem gebuchten Szenario) sich selbst, ganze Städte, Regionen oder die Welt zu „retten".

Im Hintergrund ist nun auch wieder das **ICON Orlando 360** zu erkennen, ein weiteres Ziel auf dem Weg. Je nachdem, wann man unterwegs ist, kann man nach etwa 400 Metern im **Denny's** (s. S. 65, hier gibt es noch die typische Diner-Atmosphäre mit Sitzbänken, aber auch Thekenplätzen, ganztägig Frühstück usw.) entweder einen Kaffee oder Softdrink trinken oder einen großen Vanilla Sundae (mit Sahne, Nüssen und Hot Fudge) genießen. Auch die Kuchen sind ein Hit.

So gestärkt, geht es zurück über die Kreuzung mit der Sand Lake Road. Unmittelbar nach der Kreuzung befindet sich im Geschäftskomplex eine kommerzielle **Tourist Info.** Hier werden vor allem Tickets verkauft, man bekommt aber auch zahlreiche Werbebroschüren, oft mit Coupons für die unterschiedlichsten Attraktionen. Im selben Gebäude kann man auch Souvenirs kaufen, Kamerazubehör erwerben oder sich noch schnell tätowieren lassen. Sollte man seine Einkäufe nicht die ganze Zeit tragen wollen: Kein Problem, der Wagen steht gegenüber auf dem Parkplatz.

Wenige Schritte weiter erreicht man **Mango's Tropical Cafe** (s. S. 62), einen angesagten Nightspot mit tollem Entertainment. Unmittelbar daneben befindet sich das offizielle **Visitor Center** (s. S. 104), in dem man Informationen zu allen Attraktionen, Restaurants, Hotels und Motels der Stadt und Region bekommt und selbstverständlich auch Touren oder Tickets buchen kann.

Laubbäume, Palmen und herrlich blühende Pflanzbeete säumen ab hier auch den Straßenrand, sodass man ein etwas „tropischeres Feeling" bekommt, auf jeden Fall aber die Straße anders wahrnimmt. An der nächsten Kreuzung (Jamaican Ct.) überquert man den International Drive auf Höhe des Longhorn Steakhouse und steht dann auch schon vor einem merkwürdigen Gebäude, das scheinbar schief steht bzw. rechts im Boden versinkt: **Ripley's Believe It or not** 5. Hier geht es um die Kuriositäten der Welt.

An der nächsten Kreuzung (wieder Jamaican Ct., diese Straße zieht sich halbkreisförmig westlich des International Drive entlang), wendet man sich nach links und gelangt (vorbei am Outback Steakhouse, s. S. 62) zum Bereich der Fußgängerzone des ICON Orlando 360. Neben einem hübschen Flanierbereich mit vielen Restaurants, Bars und Geschäften gibt es einen tollen Springbrunnen mit hübschen Wasserspielen, einer Bimmelbahn für Groß und Klein sowie dem **Sea Life** 8 und **Madame Tussauds** 9. Will man den Überblick behalten oder bekommen, ist die Fahrt mit dem Riesenrad **ICON Orlando 360** 7 Pflicht.

Ab hier ist der International Drive noch breiter ausgebaut, nach Norden führen nun drei Spuren, nach Süden weiter zwei, an Abzweigungen kommen noch Abbiegespuren hinzu. Zwischen den Fahrbahnen ziehen sich breite Pflanz- und Rasenbeete entlang, dichter Baumbestand spendet Schatten. Ganz besonders dicht ist die Vegetation jenseits der Via Mercado. Hier befindet sich das Areal des Minigolfplatzes **Pirate's Cove Adventure Golf** (s. S. 112). Es ist sehr erholsam, einmal das Sightseeingprogramm zu unterbrechen, die Kamera gegen den Minigolfschläger einzutauschen und sein Geschick auf dem Platz zu beweisen.

Vorbei an einer Filiale der Restaurantkette **Hooters** (mit eher knapp be-

011or-ho

Abenteuer-Minigolf vor der Kulisse der Universal Studios 1

kleideten Bedienungen) geht es weiter nach Süden zu den letzten Punkten des Spaziergangs. Sollte man unterwegs ins Schwitzen gekommen sein, lohnt eventuell ein Abstecher in die **Icebar** (s. S. 67). Hier kann man einen kühlen Drink nehmen oder etwas Heißes trinken, denn etwa ein Viertel der Gesamtfläche wird auf Temperaturen unter dem Gefrierpunkt heruntergekühlt (warme Umhänge gibt es zum Eintritt dazu).

Und dann gibt es noch etwas zum Grübeln, denn der Schriftzug **Wonderworks** ⑩ steht am Eingang Kopf und schaut man genau hin, gilt das für das ganze Haus. Aber das ist gewollt, denn hier kann man noch mal viel Kurioses aus der Welt der Naturwissenschaften erfahren und erleben und sich über vieles wundern.

Durch Downtown

Nur wenige Touristen „verirren" sich nach Downtown, denn schließlich locken andernorts Disney World ㉕, Sea World ⑪ oder die Rutschen der Wasserparks. Doch gerade das macht Downtown so attraktiv. Man ist einmal **fern der riesigen Werbetafeln** und des Sprachgewirrs. Hier erlebt man bei einem etwa zwei- bis vierstündigen Spaziergang (abhängig von der Verweildauer an Skulpturen und im Lake Eola Park ㉒) das Flair einer „normalen" amerikanischen Stadt, die z. T. noch viel Historisches zu bieten hat und durch die Einnahmen aus dem Tourismus auch ehrgeizige Projekte zur Stadtverschönerung betreiben konnte.

Zunächst muss man sich einen Parkplatz suchen, was in Orlando schon kleine Probleme bereiten kann, denn um Staus zu vermeiden, möchte man nicht zu viele Autos in der Innenstadt haben (was durch ein recht gut funktionierendes Bussystem erreicht wird) und gleichzeitig soll der oft begrenzte Straßenraum für den fließenden Verkehr und nicht als Parkraum genutzt werden. So sind Seitenstreifenparkplätze zahlen- und zeitmäßig stark begrenzt (Vorsicht vor *tickets:* Strafmandaten). Bleibt nur der Weg in ein **Parkhaus.** Die sind zwar nicht billig, aber an vielen Stellen zu finden.

Von der I4 kommend, fährt man Richtung Downtown (Richtung E South St) ab. Kommt man aus dem Süden, liegt das Amway Center ⑳ unübersehbar links. Nun kann man entweder direkt an der Abfahrt an der W South St. das City-Commons-Parkhaus neben der City Hall wählen oder etwas weiter in die Stadt hineinfahren. Empfehlenswert ist The Plaza Parking Garage an der S Magnolia Ave. Ecke E Church St. [J8] bzw. Ecke E Pine St.

Hat man den Wagen abgestellt, gelangt man durch das Parkhaus/Geschäftshaus zur Orange Ave. Auf der gegenüberliegenden Straßenseite findet man zahlreiche **Bars** und **Restaurants,** die zur Mittagszeit Treffpunkt der Geschäftsleute und abends der *party people* sind. An der Ecke S Orange Ave./E Church St. befindet sich die Niederlassung des **Downtown Information Center** (s. S. 105), wo man allerlei Infobroschüren und Tipps für Restaurants, Kneipen und Events bekommt. Man geht nun nach links, überquert die E Church St. und geht auf der S Orange Ave. weiter. Neben der Straße ragen moderne vielgeschossige Geschäftshäuser in den zumeist blauen Himmel, den breiten Gehweg zieren Bäume und wo immer möglich Skulpturen und kleinere Brunnen. Für Busse gibt es getrennte

Fahrspuren, wobei die Trennung mit Zäunen und Pflanzschalen optisch sehr gut gelungen ist.

Wenige Hundert Meter weiter südlich kommt man zur Kreuzung mit der E South St., tritt aus der Häuserschlucht heraus und erreicht einen Platz, an dem sich die modernen Gebäude der **City Hall** und des **Dr. Phillips Center for the Performing Arts** ⑲ gegenüberstehen. Man überquert die Straße zur City Hall hin, durchquert die hübsche Anlage mit Brunnen, Bäumen und Beeten und hat von hier aus einen noch eindrucksvolleren Blick auf die Glasfassade des Theaters gegenüber. Im November 2014 wurde es eröffnet, nachdem das Bob Carr Performing Arts Centre (an der Livingston St) renovierungsbedürftig geworden war. Im neuen Gebäude gibt es Säle mit 300 bis 2700 Sitzplätzen, in denen neben Konzerten auch Theateraufführungen stattfinden.

Über den weiten Platz vor dem Theater kommt man zum Haupteingang und geht dann weiter zur E Anderson St., der man nach Osten folgt. Auf der S Rosalind Ave. (die nächste Querstraße) biegt man wieder nach links ab. Hier überwiegen jetzt zunächst einmal ältere Häuser (hübsch renoviert) bzw. durch den Baustil älter erscheinende Gebäude wie z.B. das zwischen E Jackson und E Church St. stehende Backsteingebäude der **Verwaltung von Orange County** oder die Gebäude der **First Presbyterian Church** mit ihrem großen, gepflegten Garten. Benachbart steht die **Baptisten-Kirche.**

Am E Central Blvd. heißt es entweder rechts zum **Lake Eola Park** ㉒ abbiegen oder man wendet sich wenige Schritte nach links in den E Central Blvd., um in dem kleinen **Champ's Deli** (s. S. 63) eines der ausgesprochen schmackhaften kubanischen Sandwiches zu essen.

008or-ho

Am **Ufer des Sees** kann man sich dann wieder entscheiden: Umrundet man den See auf den Spazierwegen unter Palmen oder lässt man ihn „rechts liegen", gewinnt also nur einen kurzen Eindruck vom Gewässer. In diesem Fall kommt man am Amphitheater vorbei, in dem verschiedene (Musik-)Veranstaltungen stattfinden,

In Downtown Orlando gibt es noch hübsche Holzhäuser aus der Gründerzeit

und wandert zwischen Rasenflächen und Pflanzbeeten bis zur Robinson St. Will man den See umrunden, hält man sich auf den asphaltierten Wegen nach Osten und geht am Ufer entlang. Immer mal wieder ist der Weg näher am Wasser oder etwas weiter entfernt, mal kann man kleine Stege betreten, manchmal grenzen Rasenflächen an den See. Im Nordosten befindet sich die sogenannte Peninsula, eine kleine Landzunge mit ein paar Skulpturen, später gelangt man dann auf Höhe des Amphitheaters zurück zur N Rosalind Ave. Möchte man noch mehr Zeit am See verbringen, kann man den Schwänen auf dem Wasser zuschauen oder mit dem **Schwanentretboot** selbst den See vom Wasser aus entdecken. Sollte man dabei nach der Statue des konföderierten Soldaten suchen, die hier früher stand, so hat man allerdings Pech. Die Stadt hat sich Mitte 2017 dazu entschlossen, das alte Denkmal zu restaurieren und später auf den Greenwood-Friedhof umzusiedeln, da sich zunehmend Menschen beschwert hatten, die in der Statue eine Verherrlichung der Sklaverei sahen.

Auf der N Rosalind Ave. geht es nun nach Norden bis zur E Livingston St., wo man links abbiegt und dann gleich wieder links in die N Magnolia Ave. geht. Entlang der Straße, die man nach Süden läuft, stehen zahlreiche ältere Gebäude, zum Teil sehr schön restauriert, im Einklang mit moderner Architektur.

Zwischen der E Washington St. und dem E Central Boulevard befindet sich das **Orange County Regional History Center** ⓰ mit seiner hervorragenden Ausstellung zur Geschichte der Region um Orlando. Auf dem E Central Blvd. hält man sich nach Westen und an der folgenden Kreuzung mit der Orange Ave. dann wieder nach Süden bis zur Pine St. Hier stehen wieder die herrlichen Gebäude der Gründerzeit, die zumeist hübsch restauriert wurden und heute vor allem Bars, Restaurants, Kanzleien und Galerien beherbergen.

Wer mag, schlendert auf der E Pine St. nach Osten oder folgt der S Orange Ave. nach Süden bis zur Church St., dem angesagten Areal für Nachtschwärmer. Alternativ kann man den Besuch nun auch beenden, denn man ist hier wieder am Parkhaus Plaza Parking angekommen.

KLEINE PAUSE

World of Beer

Plagen Hunger oder Durst, lohnt der Weg zur Bar am Ufer des Lake Eola. Auf der Terrasse oder aber auch im Inneren genießt man im **World of Beer** (s. S. 65) die breite Auswahl an internationalen Bieren. Dazu gibt es allerlei Snacks und klassisch amerikanische Hauptgerichte.

International Drive

Eigentlich handelt es sich hier gar nicht um ein echtes Stadtviertel, sondern vielmehr um das Gebiet rund um die mehrspurige Hauptstraße. Aber genau hier brummt das touristische Leben und hier findet man (fast alles), was man mit dem Namen Orlando verbindet. Im Umkreis des Gebiets findet man (auch preiswerte) Hotels/Motels, zahllose Bars, Restaurants, Attraktionen, Informationsbüros und schier unendlich viele Geschäfte, angefangen bei kleinen Läden bis hin zu gigantischen Shoppingmalls.

1 Universal Studios ★★★ [B11]

Ein Freizeitpark der Superlative. Wer hierher kommt, will Spaß in Achterbahnen, am und im Wasser, mit Filmhelden und internationale Shows. All das bekommt man auch und kann hier mehrere Tage verbringen.

1990 eröffneten die Universal Studios in Orlando ihren eigenen Freizeitpark, nachdem Walt Disney World 25 sehr gut beim Publikum angekommen war und die Massen anzog. „Ride the Movies" (also: „Fahr die Filme" oder besser „Erlebe Filmszenen in Realität") lautete das Motto. Man baute Filmszenen aus beliebten Kinofilmen nach und ließ die Besucher entweder durch sie hindurchwandern oder – viel attraktiver – durch sie hindurchfahren. Die technische Ausstattung verbesserte sich stetig, sodass man heute bei unglaublich schnellen Achterbahnfahrten Figuren aus Filmen sehen kann oder mithilfe von 3D-Technik meint, selbst Teil des Films zu sein. Man erlebt *special effects* oder wird in Shows eingebunden (wie bei Fear Factor).

Bei den Universal Studios handelt es sich nicht nur um einen Freizeitpark, sondern gleich um mehrere, die zum größten Teil benachbart im Westen der I4 liegen und sich aus den schon 1990 gegründeten ursprünglichen Universal Studios entwickelt haben.

Zu dem Gesamtareal gehören neben den Universal Studios auch die Universal Islands of Adventure, der Universal CityWalk (kein Eintritt) und die Volcano Bay sowie die angeschlossenen Übernachtungsmöglichkeiten im Universal Orlando Resort. Kurz gesagt, man kann nach Orlando fliegen, mietet sich im Resort ein und bleibt dann für den ganzen Urlaub dort und in den Universal-Themenparks. Lohnt sich das? Dazu muss man zunächst wissen, was geboten wird:

Ordentlich nass zu werden, gehört bei den wilden Fahrten in den Freizeitparks einfach dazu

Vorbereitung für die Freizeitparks

Es ist fast egal, in welchen der Freizeitparks man sich in Orlando begibt. Es wird in jedem Fall ein ganztägiger und teurer Spaß. Wenn man ein paar Dinge beachtet, wird der Besuch aber um einiges angenehmer und vor allem einfacher. In jedem Fall sollte man im Vorfeld schon die jeweiligen **Apps** (s. S. 107) auf das Smartphone laden, denn so kann man z. B. Tickets kaufen, Tische reservieren und auch in den Fast-Food-Restaurants Gerichte vorbestellen und an speziellen Schaltern abholen, ohne lange Zeit in Warteschlangen zu verbringen. Die Wartezeiten an den Attraktionen sind oft unterschiedlich lang (z. B. zu bestimmten Zeiten), mit der App kann man aktuelle Zeiten abfragen und den Rundgang entsprechend planen.

Es empfiehlt sich in jedem Fall, eine **Kopfbedeckung** dabei zu haben, denn man spaziert stundenlang über mehr oder weniger sonniges Gelände. Auch **bequemes** (und besser auch wasserfestes) **Schuhwerk** sollte man daher anhaben (Flip-Flops und hohe Absätze sind ungeeignet und dürfen an verschiedenen Attraktionen gar nicht getragen werden).

Man sollte unbedingt auf die Wetterprognose achten, denn starke Regenfälle reduzieren das Vergnügen deutlich. Bei einzelnen Regenschauern sind ein Poncho **oder** eine leichte **Regenjacke** ideal. Sollte es gar nicht regnen, benötigt man unbedingt **Sonnencreme und -brille.** All dies, zusammen mit **Kamera** und **Wasserflasche** (je nach Park bis zu max. 2 Liter/Person, nur Plastikflaschen), passt ideal in einen kleinen Rucksack, ebenso ein paar Snacks. Aber Achtung! Es dürfen keine „Waffen" (z. B. Taschenmesser) mit in die Parks. Bei den **Sicherheitskontrollen** am Eingang werden zudem auch Picknickzubehör, Glasflaschen und jegliche Form von alkoholischen Getränken eingezogen. Leere Wasserflaschen kann man im Park überall an Wasserspendern neu befüllen.

In den **Universal Studios** findet man die wunderbare Welt etlicher Hollywood-Filme, darunter „Harry Potter“ (mit Hogwarts Express und 3D-Achterbahn), „Die Simpsons“, „The Fast and The Furious“, die „Minions“ und viele andere. Und ständig kommt Neues hinzu. In anderen Bereichen, die ebenfalls nach Themen geordnet sind (z. B. Hollywood, New York, San Francisco) gibt es Achterbahnen und andere Fahrgeschäfte, 3D-Shows oder auch Fahrten in Simulatoren.

Islands of Adventure gliedert sich in die Bereiche Port of Entry, Marvel Super Hero Island, Toon Lagoon, Jurassic Park, The Lost Continent, Seuss Landing und The Wizarding World of Harry Potter auf. Neben eindrucksvollen Kulissen mit exotischen Pflanzen gibt es auch hier wieder tolle Fahrtgeschäfte (manchmal geht es auch durch Gewässer, sodass Gäste eventuell durchnässt aussteigen – und immer noch Spaß haben!), Nervenkitzel in Freifalltürmen, Bootstouren mit diversen Spezialeffekten usw.

Volcano Bay bietet vor allem eine tropische Badelandschaft rund um einen 61 Meter hohen künstlichen Vulkan (Krakatau), von dem aus man mit einer Bahn wieder heruntersausen kann (wie so viele Rides nur etwas für Leute ohne Höhen- und/oder

< *In den Parks sieht man immer wieder märchenhafte Fantasiewelten*

Wer mehr auf **Softdrinks** steht, kann diese Getränke überall kaufen. Diese sind dann zwar die bekannten Übergrößen, aber auch sie reichen nicht für den ganzen Tag. Will man „sparen“, lohnt es sich, einen sogenannten **Souvenirbecher** zu kaufen (je nach Parks kostet der auch gerne mal $ 15), den man dann wieder gratis befüllen lassen kann.

Etwas **Bargeld** sollte man generell dabeihaben, denn manche Dinge (z. B. Luftballons bei Straßenhändlern) kann man nur bar bezahlen und gelegentlich dauert die Kartenzahlung auch mal zu lange oder ein Terminal funktioniert nicht.

Sowohl in den Universal Studios als auch im Walt Disney Resort sollte man unbedingt einen **Tisch reservieren,** wenn man in einem der Restaurants essen gehen möchte. Aber Achtung: Wenn man die Reservierung nicht nutzen kann, muss man sie rechtzeitig absagen, sonst erheben die Restaurants eine sogenannte „No-show“-Gebühr.

Für kleinere Kinder sollte man einen Buggy mitbringen, aber auch etwas älteren Kindern können die Wege sehr lang werden. Sollte das der Fall sein, ein eigener Buggy gehört aber nicht mehr zum Gepäck, kann man sogenannte „Stroller“ an den Parkeingängen mieten.

In den Parks sind **Kleidungsstücke** mit anzüglichen, politisch unkorrekten oder gewaltverherrlichenden Aufdrucken verboten, ebenso entsprechende (sichtbare) Tattoos. Zudem dürfen aus Sicherheitsgründen keine bodenlangen Kleidungsstücke getragen werden. Gleiches gilt für Masken (für Menschen über 14 Jahre).

Wer mit (kleineren) Kindern unterwegs ist, sollte im Vorfeld die Websites der Parks besuchen, um herauszufinden, ob das eigene Kind möglicherweise von bestimmten Attraktionen ausgeschlossen ist, da es häufig **Größenbestimmungen** gibt, d. h. unter- bzw. oberhalb festgelegter Körpergrößen ist eine Teilnahme/Fahrt untersagt.

Geschwindigkeitsangst). Bootsfahrten, Wasserrutschen für Kinder, Erwachsene und besonders Mutige und Sandstrände oder Liegestühle – hier findet man alles, was man für den Urlaub braucht. Und wer nicht in der Sonne „braten" möchte, kann die Liege im Schatten buchen oder gleich eine ganze Cabana für den Tag.

Der **Universal CityWalk** wurde seit 1993 geplant und 1997/1998 eröffnet. Ganz im Stil der Hollywood-Ikonen wurde eine glitzernde Welt erschaffen, die den Gast den ganzen Tag beschäftigen kann. Hier geht es aber weniger um spektakuläre Fahrten, sondern vielmehr um die Geschäfte, Kinos, Bars, Klubs und Restaurants sowie das Live-Entertainment: Dazu gehören auch die Shows der Blue Man Group.

› 6000 Universal Blvd., Tel. 407-3638000, www.universalorlando.com, Öffnungszeiten: tgl. 9–max. 22 Uhr (abhängig von der Jahreszeit), Volcano Bay bis 17 Uhr, CityWalk bis 2 Uhr, Eintritt: ab $ 115, Kinder ab $ 110 (jeweils für einen Park und einen Tag), besucht man an einem Tag zwei Parks kostet das Ticket ab $ 170 bzw. für Kinder ab $ 165, Volcano Bay ab $ 80, Kinder ab $ 62, günstiger wird es, wenn man Mehrtagespässe oder Kombipässe für mehrere Parks bucht. Bus Nr. 37 ab Florida Mall. Aktuelle Infos auch über die Universal Orlando Resort The Official App (s. S. 107). Der CityWalk kostet keinen Eintritt, außer man möchte Bars oder Klubs besuchen, die eine *cover charge* (eine Eintrittsgebühr, manchmal gibt es dafür ein erstes Getränk) verlangen. In dem Fall kann man im Vorfeld einen Club Pass ($ 11,99) oder Partypass with Movie ($ 15) buchen, mit denen man dann keine Cover Charge mehr zahlen muss. Tickets für die Blue Man Group kosten ab $ 60. Parkgebühren $ 20.

2 Skeletons ★ [B15]

Alles begann 1972 in Oklahoma, als ein kleiner Junge einen Hundeschädel im Wald fand. Eine Faszination war geboren, die 2010 zur Eröffnung des ersten Skelettmuseums der USA in Oklahoma City führte, dem wenig später das gleichnamige Museum in Orlando folgte. **500 Tierskelette,** z. B. diverse afrikanische Tiere, darunter auch ein Nashorn, Frösche, diverse Vögel, Seekühe und viele andere, kann man hier betrachten, z. T. in skurrilen Situationen, wenn z. B. ein Kojote heult oder ein Greifvogel einen Fisch fängt.

› Bus: I-RIDE Trolley, Haltepunkt 14

› 8441 International Drive, Tel. 407-2036999, www.skeletonmuseum.com, Öffnungszeiten: tgl. 10–22 Uhr, Eintritt: $ 19,99, Kinder $ 12,99 (online günstiger)

3 Titanic ★★★ [A13]

Die Kälte der Nacht des Untergangs ist spürbar. Fast meint man, bei der denkwürdigen Fahrt und den schließlich dramatischen Ereignissen selbst dabei gewesen zu sein.

Über 100 **originale Fundstücke** von der Titanic und zahlreiche **Nachbildungen** und -bauten lassen das interaktive Museum zu einem echten Erlebnis für Kinder und Erwachsene werden. Der Effekt des „Dabeiseins" wird noch durch die Tourbegleiter unterstützt, die nicht nur viel Wissenswertes zu den einzelnen Stücken, sondern immer auch spannende, dramatische oder amüsante Details beitragen können. Mithilfe moder-

› *Bei Ripley's Believe it or not sieht man so manches Skurriles*

ner Technik wird auch das Wetter am Tag des Untergangs realistisch dargestellt, ein leichter Pullover ist hier deshalb der perfekte Begleiter (auch an heißen Tagen).

- Bus: I-RIDE Trolley, Haltepunkt 9
- 7324 International Drive, Tel. 407-2481166, www.premierexhibitions.com, Öffnungszeiten: tgl. 10–18 Uhr, Tickets: $ 21,95, Kinder $ 15,95 (online günstiger). Freitags und samstags gibt es zudem Dinnershows ab $ 69.

4 Zombie Outbreak ★ [A13]

Dieses riesige „Videospiel" entführt auf einen von Zombies besetzten Militärstützpunkt. Für Liebhaber von Lasergames und Spukkulissen die perfekte Unterhaltung.

- 7364 International Drive, Tel. 407-7454068, www.zombieoutbreak.com, Öffnungszeiten: Mo–Do 14–20, Fr 16–22, Sa 12–22, So 12–18 Uhr, Preise: ab $ 24,95 (abhängig von der Länge des Spiels und der Menge der gekauften „Munition")

5 Ripley's Believe it or not ★★ [B14]

Seit Robert L. Ripley 1933 sein erstes „Spektakelhaus" dieser Art eröffnete, erfreuen sich die Kuriositäten, Abstrusitäten und anderen exotischen Stücke eines riesigen Besucheransturms.

Der Zeichner, Reporter, Entdecker, Abenteurer, vor allem aber Sammler Robert L. Ripley (1890–1949) bereiste in 35 Jahren über 200 Länder der Erde, um überall **Skurriles, Ungewöhnliches und Schauriges** zu entdecken und möglichst auch zu sammeln. Neben Dioramen zu Foltertechniken in Afrika, Asien und Südamerika kann man zum Beispiel zahlreiche Fotos betrachten, sich beim Anblick von Schrumpfköpfen gruseln, Miniaturmodelle in den Ösen von Nähnadeln bestaunen, sich neben den größten Menschen (Modell mit 2,72 m Höhe) ablichten lassen oder sich in der Welt der Illusionen verlieren. Das Sammeln endete übrigens nicht mit Ripleys Tod, auch heute noch kommen stets neue Stücke dazu, z. B. die extrem gepiercte und tätowierte Vampirfrau.

Und schon vor Betreten des Gebäudes beginnt das Kuriose, denn das große, zum Teil zweigeschossige Gebäude mit säulengestütztem Portal scheint (betrachtet von der Vorderseite) rechts im Boden zu versinken und sich links aus dem Boden zu erheben.

- Bus: I-RIDE Trolley, Haltepunkt 12
- 8201 International Drive, Tel. 407-3450501, www.ripleys.com/orlando, Öffnungszeiten: tgl. 9–24 Uhr, Eintritt: $ 19,99, Kinder $ 13,99 (online sind Tickets meist $ 3 günstiger, vor Ort bekommt man mit Coupons Ermäßigungen, s. S. 105)

6 Orlando StarFlyer ★★ [B14]

450 Fuß oder gut 130 Meter hoch ist der abends beleuchtete Mast am International Drive, an dem mutige Besucher in **einer Art Kettenkarussell** in die Höhe gezogen werden und mit bis zu 60 mph (ca. 90 km/h) um den Turm rotieren. Mit diesen Dimensionen ist es zugleich derzeit die weltweit „größte Schaukel“. Ein großer Spaß, wenn auch nur für Menschen ohne Höhenangst, und ganz besonders toll in der Dämmerung bzw. abends, wenn der I-Drive beleuchtet ist.

› 8265 International Drive, Tel. 407-6407009, www.starflyer.com, Öffnungszeiten: tgl. 10–2 Uhr, Tickets $ 12,21, online etwas günstiger, für eine zweite Fahrt am gleichen Tag kostet das Ticket dann $ 7,51. Achtung: Vor der Fahrt müssen alle losen Gegenstände auch aus Hosentaschen abgegeben werden, besser schon vorher leeren.

7 ICON Orlando 360 ★★★ [B15]

1500 Tonnen Stahl und Glas ragen majestätisch über den Gebäuden rund um den International Drive auf. Dem Besucher bietet sich ein fantastischer Rundumblick.

Ob nun tagsüber bei Sonnenschein oder abends bei bunter Beleuchtung und eventuell einem Glas Champagner (wird nach 17 Uhr auf Wunsch serviert): Die 23-minütige Fahrt in einer der geräumigen Kabinen des Riesenrads ist im wahren Sinn des Wortes ein Highlight. An einem A-förmigen Gestell hängt das 121,92 m (oder 400 ft) messende Rad mit seinen **30 Gondeln**, die bei der Tour einen perfekten **360-Grad-Blick ermöglichen.** Tagsüber kann man sich für die Tour Produkte aus der Palette eines Getränkeherstellers mit Kühlbox in die Gondel bestellen.

› Bus: I-RIDE Trolley, Haltepunkt 14

› 8401 International Drive, Tel. 407-2708644, www.iconorlando.com, Öffnungszeiten: tgl. 10–22 Uhr, Fr/Sa bis 24 Uhr, Tickets: $ 27,50, Kinder $ 22,50 (online spart man 10 %). Mit Champagner kosten die Tickets $ 39. Vergünstigungen bekommt man mit Kombi-Tickets, z. B. mit Sea Life 8 und/oder Madame Tussauds 9 (dann ab $ 39).

8 Sea Life ★★ [B15]

Haie, Rochen, Schildkröten und viele andere Meeresbewohner erlebt man hier fast hautnah.

In den großen **Aquarien** des Sea Life kann man all die Tiere sehen, denen man im Meer nie oder lieber nie zu nahe kommt. Es gibt auch einen Tunnel, durch den man die Becken sozusagen unterquert, sodass die Tiere über einen hinwegschwimmen.

Vor allem Kinder haben hier ihren Spaß und können zudem noch vieles lernen, denn an verschiedenen Stationen können sie mithilfe eines Passes Informationen erfragen und sammeln und erhalten am Ende eine kleine Überraschung. Im **Touch Pool** kann man Seeigel, Seegurken und Seesterne sogar anfassen.

› Bus: I-RIDE Trolley, Haltepunkt 14

› 8449 International Drive, Tel. 866-6220607, www.visitsealife.com/orlando, Öffnungszeiten: tgl. 10–21 Uhr, Eintritt: $ 27,50, Kinder $ 22,50 (online spart man 10 %). Sehr viel günstiger sind die Kombi-Tickets mit dem ICON Orlando 360 7 und/oder Madame Tussauds 9 (dann ab $ 39).

▷ *Schon von außen fasznierend: das kopfstehende Haus von Wonderworks*

9 Madame Tussauds ★★ [B15]

Albert Einstein, Donald Trump, Steve Jobs, Jennifer Aniston, Will Smith, Jackie Chan, Audrey Hepburn, aber auch der Kung Fu Panda, E.T., Shrek und viele andere bekannte und/oder berühmte Persönlichkeiten oder Figuren kann man hier „hautnah" begegnen, wenn es sich auch nur um Wachsfiguren handelt.

› Bus: I-RIDE Trolley, Haltepunkt 14
› 8401 International Drive, Tel. 866-2286444, www.madametussauds.com/orlando, Öffnungszeiten: tgl. 10–22 Uhr, Eintritt: $ 27,50, Kinder $ 22,50 (online spart man 10 %). Günstiger sind die Kombi-Tickets mit ICON Orlando 360 7 und/oder Sea Life 8 (dann ab $ 39).

10 Wonderworks ★★★ [A16]

Die Welt der Naturwunder und -wissenschaften befindet sich in einem kopfstehenden Haus, das so schon von außen ein echter Hingucker ist.

Angeblich benötigt man ein wenig Mut, um die faszinierende Ausstellung zu besuchen – zumindest laut der Werbung, die vor allem Dinge, wie die Liegeprobe auf dem Nagelbrett oder die Hand im Blitzgenerator meint –, tatsächlich braucht man aber nur Zeit (mind. drei Stunden) und Geld für den Eintritt. Auf jeden Fall sollte man aber Freude am Erleben von (natur-)wissenschaftlichen Experimenten, psychologischen Tricks und Täuschungen sowie den verschiedenen Stationen zum Ausprobieren haben.

Man kann in einem 4D-Kino „irre Fahrten" erleben, beim Laser Tag wilde Kämpfe mit Laserwaffen ausfechten und beim Ropes Course, der im Dunkeln leuchtet, auf drei Ebenen oberhalb der anderen Besucher einen Seilparcour absolvieren (Achtung: Frauen sollten aus naheliegenden Gründen bei diesem Parcour statt Kleid oder Rock besser Hosen tragen, festes Schuhwerk ist für alle notwendig).

› Bus: I-RIDE Trolley, Haltepunkt 18
› 9067 International Drive, Tel. 407-3518800, www.wonderworksorlando.com, Öffnungszeiten: tgl. 9–24 Uhr, Eintritt: ab $ 29,99 (Kinder $ 23,99)

⑪ Sea World ★★ [Faltplan]

Delfine, Haie, Orcas, Robben, Pinguine, Schildkröten, aber auch spektakuläre Wasserrutschen, Achterbahnen und 3D-Animationen – hier kann man mindestens einen ganzen Tag verbringen, viel Spaß haben und Wissenswertes erfahren.

Es gibt verschiedene **Tiershows**, man kann aber auch z. B. Haie, Rochen, Pelikane, Schildkröten, Sehkühe und Robben in **Aquarien** und anderen Gehegen betrachten. Fast immer gehören auch interaktive Stationen und/oder 3D-Filme dazu, so z. B. der ganz hervorragende „Turtle Trek".

Wem das nicht reicht, der kann auch einen oder mehrere der sogenannten **Rides** versuchen: Achterbahnen, Wasserrutschen und Schwanenboote sowie eine interaktive „Expedition zum Südpol" (Antarctica Ride). Aber Achtung! Anstehen gehört fast täglich dazu, in der Hauptsaison oft stundenlang.

Natürlich gibt es im Park auch genug Möglichkeiten, seinen Hunger oder Durst zu stillen: Imbisse, Fast-Food- und auch bessere Restaurants buhlen um Kunden und am Ende jeder Attraktion/jedes Rides kann man entsprechende „Fan"-Souvenirs kaufen.

Aber auch die **negativen Aspekte** dieser Attraktion sollen nicht verschwiegen werden: Tierschützer kritisieren den Park seit Langem wegen seiner Shows mit großen Meeressäugern. Ganz besonders kam der in mehreren Staaten der USA agierende Park in den Fokus der Öffentlichkeit, als eine Trainerin 2010 während der Show mit Orcas (auch „Schwertwal" genannt) vom Schwertwal „Tilikum" im Spiel unter Wasser gedrückt wurde und ertrank. Im März 2016 erkrankte das Tier, Januar 2017 verstarb es.

So weit zur tragischen Seite. Und die Tierschützer-Perspektive? Man darf diese Tiere, die hochintelligent und gerade deshalb zu den beeindruckenden Leistungen in der Lage sind, nicht in den Becken isolieren und damit emotional und physisch verarmen lassen. Auf der anderen Seite kann man die nun seit Generationen in Sea World lebenden Tiere auch nicht einfach auswildern, wie es mit anderen Tieren durchaus im Rahmen von Erhaltungszuchtprogrammen geschieht. Was also tun? Sea World hat nach dem Tod von Tilikum angekündigt, keine weitere Generation Schwertwale mehr zu „züchten", sodass die Shows mit Orcas nur noch solange weitergeht, bis das letzte aktuell lebende Tier gestorben ist. (Wildfänge gibt es seit 2016 nicht mehr.) Bis das soweit ist, werden immer noch täglich Tausende von Besuchern die Tiere bei der One Ocean Show bestaunen und ihre Leistungen bejubeln.

- Bus: I-RIDE Trolley, Haltepunkt 28
- 7007 Sea World Drive, Tel. 407-5455550, www.seaworld.com/orlando, Öffnungszeiten (Kernzeit): tgl. 10–18 Uhr, zu verschiedenen Events bzw. in verschiedenen Monaten/Wochen öffnet der Park aber auch schon um 9 Uhr und schließt spätestens um 22 Uhr (die aktuellen Zeiten findet man auf der Website unter „Park Hours", Eintritt: $ 99,99. Man kann $ 20 sparen, wenn man mindestens einen Tag im Voraus bucht. Zudem spart man, wenn man weitere Attraktionen hinzubucht oder ein sogenanntes Package wählt, bei dem dann eine Hotelübernachtung inklusive ist. Hinzu kommen noch $ 20 Parkgebühren.

☒ *Bunter Wasserspaß in Aquatica*

⓬ Discovery Cove ★ [Faltplan]

Ein **Wasserpark der Superlative,** der Alt und Jung begeistern kann. Man kann hier den ganzen Tag am (künstlichen) Strand liegen, im (künstlichen) Riff **mit allerlei tropischen Fischen schnorcheln** gehen, im „Fluss" mit Ottern baden und wer mag, kann auch mit Delfinen oder sogar **mit Haien schwimmen.** Wenn man das Seaventure bucht, geht man fast richtig tauchen, denn man bekommt einen Helm, der mithilfe von Schläuchen mit Außenluft versorgt wird.

› 6000 Discovery Cove Way, Tel. 407-4347268, www.discoverycove.com, tgl. 7–18 Uhr, Eintritt: Tagesticket $ 149 (plus $ 50 für Dolphin Swim), günstiger ist das Two-Park-Ticket mit nur $ 170, das an zwei Tagen den Eintritt in unterschiedliche Parks (Sea World ⓫, Aquatica ⓭ und Bush Gardens Tampa Bay und Adventure Island) ermöglicht.

⓭ Aquatica ★ [C17]

Flüsse, Lagunen und vor allem **Rutschen** (es gibt 36) bestimmen den Wasserpark, dessen Gesamtgestaltung ein Südsee-Feeling vermitteln soll. Zu den Rutschen gehören sogenannte Mattenrutschen (man rutscht auf Gummimatten), Reifenrutschen (man sitzt in zweisitzigen Riesenreifen) und der Dolphin Plunge, bei dem man durch eine durchsichtige Röhre durch ein Becken mit Delfinen und anderen Meeresbewohnern rutscht. Dazu kommen noch Pools mit Wellenanlage und Verbindungskanäle mit Strömung.

Leider muss man an begehrten Rutschen oft mindestens 30 Minuten anstehen. Es ist also ratsam, den Besuch möglichst früh am Tag zu planen, um vor dem großen Ansturm ab dem späten Vormittag zumindest ein paar der tollsten Rutschen ausprobiert zu haben.

› 5800 Water Play Way, Tel. 407-5455550, www.aquatica.com, Öffnungszeiten: tgl. von 9–19 (in den Sommermonaten) oder 10–17 Uhr (zwischen Herbst und Sommer). Das Tagesticket kostet $ 64,99, bucht man im Voraus kostet es nur $ 39,99, das Two-Park-Ticket kostet $ 99,99 für zwei Parks an verschiedenen Tagen, das Three-Park-Ticket kostet $ 119,99 und das Four-Park-Ticket (Sea World ⓫, Aquatica und Bush Gardens Tampa Bay und Adventure Island) kostet $ 169,99 (inklusive der Parkgebühren!). Zum Eintritt müssen noch $ 15 für das Schließfach für Wertsachen und Kleidung addiert werden.

Downtown

Fernab des Attraktionen-Rummels liegt Orlando Downtown und erinnert an eine nette, gemütliche kleine amerikanische Stadt, die einiges zu bieten hat, und das vor allem gerade dann, wenn man des Trubels des International Drive überdrüssig ist. Man kann durch das historische Viertel schlendern, Museen und Galerien besuchen oder in Parks und an Seen spazieren gehen.

⓮ Orlando Science Center ★★ [K4]

Die ganze **Welt der (Natur-)Wissenschaften** hat hier ihren Platz und lässt sich für Groß und Klein unterhaltsam und eindrucksvoll betrachten, erfahren und tatsächlich auch in kleinen **Experimenten** erleben. Neben Ausstellungen wie „Our planet", „Dinodigs" oder „Nature works", in denen es eher um Biologie geht, gibt es auch eine „Kinetic zone" für Physikbegeisterte. Im „Flight lab" faszinieren verschiedene Aspekte der Wissenschaften im All den physikalisch-astronomisch interessierten Besucher, während biologisch Interessierte eher zu den Aquarien und Terrarien gehen, in denen es auch junge Alligatoren zum Anfassen gibt. Den Blick zu den Sternen ermöglicht ein **Observatorium.** Kurz gesagt, ein großer Spaß für die ganze Familie.

› 777 E Princeton St., Tel. 407-5142000, www.osc.org, Öffnungszeiten: Do–Di 10–17 Uhr, Mi geschlossen, Eintritt: $ 20,95 (Kinder $ 14,95), Parkgebühren $ 5. In der Hauptsaison ist das Parkhaus am Center oft überfüllt. Leider gibt es praktisch keine Parkplatzalternative, also möglichst früh kommen oder den Bus Nr. 125 ab Central Station nehmen.

⓯ Orlando Museum of Art (OMA) ★★ [K4]

Zeitgenössische Kunst, Wechselausstellungen zu verschiedenen Themen, aber auch eine große Ausstellung mit Kunstwerken aus unterschiedlichen Zeiten und Regionen des amerikanischen Kontinents (so gibt es neben moderner Kunst auch zahlreiche Ausstellungsstücke aus Nord-, Mittel- und Südamerika, die z. B. von Mayas, Inkas und den Indianern Nordamerikas stammen und aus verschiedenen Regionen Afrikas kennzeichnen das eindrucksvolle Museum im Norden der Stadt.

› 2416 N Mills Ave., Tel. 407-8964231,www.omart.org, Öffnungszeiten: Di-Fr 10-16 Uhr, Sa/So 12-16 Uhr, Eintritt: $ 15 (Kinder $ 5), Bus Nr. 125 ab Central Station

16 Orange County Regional History Center ★★★ [J7]

Wie lebten einst die Ureinwohner Floridas? Was geschah beim ersten Kontakt mit den europäischen Eroberern? Wie lebten die Siedler vor über 100 Jahren in der Wildnis/den Sümpfen Floridas? Antworten auf diese Fragen und noch viel mehr Wissenswertes gibt es in dieser beeindruckenden Ausstellung.

Die Geschichte des Regional History Center beginnt im Herzen des historischen Distrikts am Heritage Park. Hier war 1857 das Zentrum der Siedlung, die aber noch mitten in der Wildnis lag. Man erzählt sich, Wildschweine wären in die Siedlung gekommen, um ihre Schwarte an den Planken des hölzernen **Gerichtsgebäudes** zu reiben. 1892 errichtete man dann Gebäude aus Stein, denn Bezirk und Stadt wuchsen, sodass man in die Zukunft planen konnte. 1927 baute man ein neues Gericht im neoklassizistischen Stil, das alte Gebäude stand leer und bei der Suche nach einer Verwendung kam man 1942 auf die Idee, hier eine **Sammlung zur Geschichte der Stadt, der Region und des Staats** aufzubauen.

Bis 1957 kam so einiges zusammen, dann wurde das alte Gebäude abgerissen. Allerdings nicht ohne eine Kommission einzusetzen, deren Ziel der Erhalt von historischen Relikten war. Als 1995 das Gerichtsgebäude erneut in ein noch größeres Bauwerk umzog, gab es wieder Raum für die Ausstellung und sie wurde ab September 2000 für die Öffentlichkeit zugänglich gemacht.

Heute kann man bei den großen **Dioramen** fast fühlen, wie sich die schwüle Wärme auf das Leben der Ureinwohner, noch stärker dann aber auf die ersten Siedler auswirkte. Es gruselt einen, wenn man quasi „erlebt", wie Menschen aus Afrika deportiert wurden, um dann als Sklaven für die weißen Siedler zu arbeiten. Es fasziniert, wenn man die Errungenschaften der Luftfahrt, den Aufbau des Agrarlands und nicht zuletzt den des touristischen Standortes miterleben kann, bis es dann 1971 mit der Eröffnung von Walt Disney World zur Ära der Themenparks kam.

› 65 E Central Blvd., Tel. 407-8368500, www.thehistorycenter.org, Öffnungszeiten: tgl. 10-17 Uhr, So 12-17 Uhr, Eintritt: $ 8 (Kinder $ 6), Bus Nr. 60 ab Central Station

17 Harry P. Leu Gardens ★★★ [L5]

Duftende Blumen und Bäume, exotische Gewächse aus aller Welt und die Pracht bunter Schmetterlinge locken auf dem riesigen Gelände zu Entdeckungen.

Auf dem Gelände steht das **Leu House**, das heute ein Museum ist. 1858 ließen sich hier David V. Mizell und seine Frau Angeline nieder, die

‹ Selbst die Verwaltung in Downtown ist ein schmucker Backsteinbau

Baumwolle und Zuckerrohr anbauten. David Mizell war zugleich Sheriff des Orange County und wurde 1870 im Einsatz getötet (auf dem Friedhof sind die Familienmitglieder beigesetzt).

1902 erwarben der Geschäftsmann Duncan Pell und seine erst 18 Jahre alte Frau Helen Gardner (ein Stummfilmstar) das Anwesen, um in der Zitrusindustrie Geld zu machen. Allerdings hielt die Beziehung nicht lange, schon 1906 verließ Gardner wegen ihrer Filmkarriere ihren Mann. Das Haus stand wieder zum Verkauf und fand weitere Besitzer: Joseph und Martha Woodward aus Alabama, die einen Rückzugsort für kalte Wintertage suchten.

1936 erwarb der Geschäftsmann **Harry P. Leu** das Anwesen für sich und seine Frau. Beide waren geschäftlich und privat weltweit viel unterwegs und brachten von ihren Reisen immer wieder Setzlinge oder Samen mit, die im milden subtropischen Klima von Orlando gedeihen konnten. 1961 vermachten sie ihren Besitz der Stadt.

In der riesigen **Gartenanlage** kann man heute stundenlang wandern und neben Azaleen, Bambus, Bananen, Bromelien, Kamelien, Cycas-Palmfarnen, Ingwer, Helikonien, Hibisken, Magnolien, Palmen, Rosen und allerlei Rank- und Kletterpflanzen bestaunen. Es gibt im Park mehr als 50 Abteilungen, die jeweils thematisch geordnet sind. So findet man im **Annual Garden** über 7000 Pflanzen aus Florida, jeweils in den Jahreszeiten angeordnet. Der **Arid Garden** zeigt Gewächse aus den Trockenzonen der Erde, während die **Azalea Collection** die große Familie der Rhododendren mit ihrer Kältetoleranz ausstellt. Im **Butterfly Garden** findet man die Pflanzen, die besonders attraktiv für Schmetterlinge sind, sodass man hier auch eine Vielzahl dieser Insekten antrifft. In der **Fern Collection** kann man bis zu drei Meter hohe tropische Baumfarne bestaunen. Selbstverständlich gehören auch ein **Kräuter-** und ein **Gemüsegarten** zum Areal.

Auf dem Gelände befindet sich auch das informative Museum im Haus der Familie, das derzeit aber wegen der Schäden durch Hurricane Irma (September 2017) geschlossen ist.

› 1920 N Forest Ave., Tel. 407-2462620, www.leugardens.org, Öffnungszeiten: tgl. 9–17 Uhr, geschlossen 25.12., Eintritt: $ 10 (Kinder $ 5), Bus Nr. 125 oder 313 ab Central Station

18 Mennello Museum of American Art ★ [K4]

Das Museum entstand aus der Faszination heraus, die Marilyn Mennello (1925–2006) für die Werke des Künstlers Earl Cunningham empfand. Mennello war eine Kunstsammlerin und -kennerin, die ihre Karriere als Tupperware-Verkäuferin begann und in der Hierarchie des Unternehmens schnell aufstieg, was in den 1950er-Jahren für Frauen eher ungewöhnlich war. Später wurde sie von Präsident Reagan in das National Museum Service Board berufen und 2006 mit ihrem Tod in den USA als „First Lady of the Arts" geehrt.

Earl Cunningham (1893–1977) hatte ein bewegtes Leben, das er als drittes von sechs Geschwistern begann. Schon mit 13 Jahren verließ er das Elternhaus, arbeitete zunächst als Kesselflicker und Hausierer, begann aber schon mit 17 Jahren mit der Malerei. Boote und Landschaften (vor allem an Gewässern und Küsten) waren seine Lieblingsmotive. Dabei setzte er auf kräftige Farben und viele Details, oft auch unpassende (wie z. B. Flamingos in Maine). Zusammen mit seiner Frau Iva Moses, die er 1915 heiratete, lebte er in Maine und Florida.

Im Zweiten Weltkrieg züchtete Cunningham Hühner für die Armee. 1940 eröffnete er eine Kunstgalerie in St. Augustine (Florida). Echter Ruhm blieb aber aus, bis er 1961 das Gemälde „The Everglades“ an **Jacqueline Kennedy** schickte, das heute im John F. Kennedy Museum in Boston ausgestellt ist. Kurz darauf war sein Name bekannter, seine Werke wurden vor allem in Museen in Florida ausgestellt. Hier erkannte Marilyn Mennello den Wert seiner Werke, sammelte sie und organisierte Ausstellungen. Sie und ihr Mann Michael wurden zu den wichtigsten Mäzenen Cunninghams und widmeten ihm das Museum. Später erweiterten sie die Ausstellung um zahlreiche weitere amerikanische Künstler, darunter auch die Skulpturen von Albert Paley, sodass man hier heute eine eindrucksvolle Sammlung betrachten kann.

› Loch Haven Culture Park, 920 E Princeton St., Tel. 407-2464278, www.mennellomuseum.org, Öffnungszeiten: Mo-Sa 10.30-16.30 Uhr, So ab 12 Uhr, Eintritt: $ 5 (Kinder $ 1), Bus Nr. 102 ab Central Station

19 Dr. Phillips Center for the Performing Arts ★ [J8]

In den 1920er-Jahren war **Dr. Philip Phillips** der „Zitruskönig Floridas“, da er ein innovatives Verfahren zum Herstellen und Verpacken von Orangensaft erfunden hatte. Ihm gehörten 20 km² Orangenplantagen, was ihm einen immensen Reichtum bescherte. Neben seinem Geschäftssinn war er aber auch Philanthrop und stiftete sehr viel Geld, sodass 2015 das neue **Theaterzentrum** in Orlando eröffnet werden konnte (56 Jahre nach seinem Tod).

Das Center fasziniert mit seiner **Architektur:** Mitten im historisch anmutenden Downtown steht das Gebäude aus viel Glas und Stahl, dessen von Stahlträgern gehaltenes Flachdach optisch über dem Glaskonstrukt schwebt. Die betont geraden Linien des rechteckigen Gebäudes unterstützen den „Bruch“ zur Architektur der Umgebung. Untergebracht sind fünf Theatersäle, verschiedene Ausstellungsflächen und eine Theaterschule. Neben Aufführungen klassischer Stücke gibt es auch immer wieder Avantgarde- und musikalische Auftritte.

› 445 South Magnolia Ave., Tel. 407-8390119, www.drphillipscenter.org, Öffnungszeiten und Ticketpreise hängen von den Veranstaltungen ab, Busse Nr. 7, 11, 13, 15 oder 18 ab Central Station

Moderne Ästhetik: das Dr. Phillips Center for the Performing Arts

20 Amway Center ★ [J8]

Unübersehbar ragt das gigantische Amway Center westlich der I4 auf. Es handelt sich dabei um eine **Mehrzweckhalle** für Sportevents, Auftritte bekannter Musikstars, aber auch Kongresse. Im sportlichen Sektor ist die Halle das Heim der Orlando Magic (Basketball-Team der NBA) und der Orlando Solar Bears (Eishockey-Team der ECHL).

Am 29. September 2006 wurde der Bau der Mehrzweckhalle beschlossen, am 25. Juli 2008 dann mit den Arbeiten begonnen und schon gut zwei Jahre später, am 1. Oktober 2010, konnte die Halle eingeweiht werden. Bereits wenige Tage später folgte das erste Konzert: ein Auftritt des mexikanischen Ranchera-Sängers Vicente Fernández (diese Musik ist eng verbunden mit dem Spiel der Mariachi).

Am 10. Oktober gewannen die Orlando Magic ihr erstes Spiel im neuen Heim haushoch gegen die Washington Wizards.

EXTRATIPP

Geistern auf der Spur

In den Straßen von Downtown, genauer rund um die Church Street, kann man täglich an zwei- bis vierstündigen Wanderungen mit ortskundigen Guides von **American Ghost Adventures** (s. S. 117) teilnehmen, die spannende und gruselige Geschichten zu der Gegend auf Lager haben. Unterwegs werden auch Gebäude von innen besichtigt. Ausgerüstet ist man dabei mit allerlei Gerätschaften zum Jagen von Geistern (ein wenig Ghostbusters-Feeling inklusive).

Heute ist das vor allem aus Glas gebaute, **futuristisch anmutende Bauwerk** eine echte Attraktion. Ein riesiger Videowürfel zeigt auf insgesamt 18 Bildschirmen alle Details, sodass jeder Zuschauer alles mitbekommt.

› 400 W Church St., Tel. 407-4407900/1, www.amwaycenter.com, Öffnungszeiten tgl. 9–18 Uhr (zudem 3 Std. vor Veranstaltungen), Eintritt variiert je nach Veranstaltung, Busse Nr. 36, 40, 41 oder 60 ab Central Station

21 Church Street ★★ [J8]

Shopping, Essen, Trinken, Sport und Musik – das alles gehört zu einem lebhaften Viertel und kann im historischen Ambiente rund um die Church Street genossen werden.

Mitten in Downtown Orlando hat man vor Jahren mit viel Erfolg begonnen, der Verödung der Innenstadt Paroli zu bieten. Der Verkehr wurde eingeschränkt und es wurden Parkmöglichkeiten geschaffen. Die historische Bausubstanz, angefangen mit Fassaden und Straßenlaternen, putzte man ordentlich heraus. Sie bilden nun das Umfeld für **Kneipen und Restaurants, Kinos und Geschäfte.** Zudem schuf man **Flächen für Konzerte** und – als größte Anlaufstelle – das Amway Center 20, in dem weltbekannte Künstler auftreten und Sportevents stattfinden.

In der Mittagspause flanieren hier die Geschäftsleute, gehen essen oder treffen sich auf ein schnelles Bier oder auch mal eine Geschäftsbesprechung in lässigerer Atmosphäre, abends belebt sich das Gebiet mit Kinogängern, Nachteulen, Tanzwütigen und anderen *party people.*

› Church St. und ihre Seitenstraßen, www.churchstreetdistrict.com, Busse 7, 11 oder 18 ab Central Station

Orlando Downtown Masterplan

*Schon Ende der 1990er-Jahre begann man in Orlando mit **Ideen zur Stadtentwicklung**, dem sogenannten Masterplan. Nennt man den Namen der Stadt, so verbindet fast jeder damit sofort die Vergnügungsparks, weltbekannte Attraktionen rund um den International Drive bzw. in den eigens dafür angelegten Arealen. Aber Orlando ist eben noch viel mehr und wollte dies auch in den Fokus rücken. Hinzu kamen Statistiken, die einen Anstieg der Bevölkerung der Region von 3,5 Mio (2006) auf etwa 7,2 Mio (2050) vorhersagten. Für diese Menschen sollten Ideen entwickelt werden, um ein möglichst angenehmes Leben zu gewährleisten. Dazu gehören für die Politiker der Stadt auch ein reiches kulturelles Leben und ein gutes öffentliches Transportsystem.*

*Vor allem ein gutes **Infrastruktursystem** mit genügend Parkmöglichkeiten, aber auch ein gut funktionierender **Personennahverkehr** (z. B. mit eigenen Fahrspuren für Busse) und weitläufige Fußgängerzonen wurden geplant und mittlerweile umgesetzt. Daneben sollten verschiedene **Veranstaltungsräume** entstehen, zu denen u. a. das Amway Center, das Dr. Phillips Center for the Performing Art und das Florida Citrus Bowl Stadium gehören. Die Gesamtkosten des Projekts, das auch als **Orlando Centroplex** (Name der geplanten Veranstaltungshallen) bekannt ist, belaufen sich auf über 1,1 Mrd. US-Dollar.*

*Im September 2006 wurde der Bau der Mehrzweckhalle Amway Center beschlossen, zwei Jahre später wurde mit den Arbeiten begonnen und am 1. Oktober 2010 konnte die Halle eingeweiht werden. Leider mussten im Rahmen der **Finanzkrise** andere Projekte zunächst zurückgestellt werden, so verzögert sich der Bau des Florida Citrus Bowl Stadium bis mindestens 2020.*

22 Lake Eola Park ★★★ [J7]

Streifenhörnchen springen von Ast zu Ast, riesige Bäume spenden auch im feucht-heißen Sommer luftigen Schatten, Schwäne lassen sich an Land füttern oder gleiten über den See. Jogger, Spaziergänger und Familien mit Kindern genießen die Idylle inmitten der Stadt, aber auch Kunstliebhaber kommen hier auf ihre Kosten.

Inmitten von Downtown bietet der **Lake Eola** eine grüne Oase. Büsche, Bäume und weitläufige Rasenflächen säumen den See, an dessen Ufer sich ein Flanierweg entlangzieht. Seinen Ursprung hat der Park in einer Idee von **Jacob Summerlin**, einem reichen Hotelier, der der Stadt das Land um den See vermachte, dafür allerdings das Anlegen des Parks verlangte.

1888 wurde das Areal inoffiziell eröffnet (d. h. man konnte hier auf Wegen flanieren), aber erst 1892 zum Park erklärt. 1912 setzte man im See einen großen **Springbrunnen** ein, der 1957 gegen einen neuen ausgetauscht wurde, den sogenannte **Linton E. Allen Memorial Fountain**, der heute als inoffizielles Wahrzeichen der Stadt gilt. Der Springbrunnen wird abends zwischen 20 und 21.30 Uhr für jeweils 6-minütige Lichtshows beleuchtet.

044or-ho

Spaziergänge am Ufer bieten neben herrlicher Ruhe auch die Chance, Eichhörnchen, Schwäne oder Schildkröten und verschiedene Insekten (auch Schmetterlinge) sowie Vögel zu beobachten. Wer aufs Wasser möchte, kann sich ein **Tretboot im Schwanendesign** (30 Minuten $ 15) ausleihen. Jeden Sonntag öffnet am Ufer ein **Farmers Market,** bei dem vor allem viele regionale Köstlichkeiten zum direkten Verzehr angeboten werden (10–16 Uhr, www.orlandofarmersmarket.com)

› 512 East Washington Street, Tel. 407-2464484, www.cityoforlando.net, Öffnungszeiten: tgl. 6–24 Uhr, Busse Nr. 51, 62 oder 125 ab Central Station

Die Geschichte des Lake Eola Park ist auf Tafeln nachzulesen

EXTRATIPP

Gute Zigarren, Schnäpse und Weine

Die Corona Cigar Company bietet dem Connaisseur alles, was das Herz begehrt: Zigarren und Zigarillos **unterschiedlicher Herkunft, Stärke** und **Deckblätter** (eng. *wrapper*). Letztere haben, je nachdem, wen man fragt, keinen bis großen Einfluss auf den Genuss beim Rauchen. Als besonders gute *wrapper* gelten solche, die farblich und in der Struktur regelmäßig, fein geädert und schimmernd (gerne auch glänzend) aussehen. Man kennt diese Deckblätter von ganz hell (*doblo claro* oder *double claro,* aus frühen Reifungsstadien der Blätter) bis sehr dunkel (*oscuro,* aus den Blättern, die am höchsten an den Pflanzen sitzen und somit am längsten Sonne bekommen haben).

Wer sich nicht auskennt, kann sich beraten lassen und Zusammenstellungen verschiedener Marken und Geschmacksrichtungen kaufen. Zudem gibt es das komplette **Zubehör** von Aschenbechern über Feuerzeuge bis zum Zigarrenschneider.

Und zur Zigarre gehört natürlich auch ein Drink. Da bietet die **hauseigene Bar** neben guten Weinen vor allem Tequila, Bourbon, Scotch, Rumsorten und hervorragende Cognacs, die dann auch gern mal ein paar Hundert Dollar kosten – pro Glas, was dann bis zu $ 12.000 pro Flasche bedeutet. So gerüstet hat der Genuss kaum noch Grenzen. Perfekt ist es dann, im Schaukelstuhl vor der Bar Platz zu nehmen und seine Zigarre mit Blick auf das Treiben auf der Straße zu rauchen.

•4 [J8] **Corona Cigar Company,** 127 South Orange Ave., Tel. 407-4045344, www.coronacigar.com, Öffnungszeiten: Mo/Di 9–24 Uhr, Mi/Do bis 1 Uhr, Fr/Sa bis 2 Uhr, So 10–24 Uhr

Winter Park und Umgebung

Der Großraum Orlando ist viel mehr als das quirlige Treiben rund um den International Drive, die Märchenwelt von Disney oder der (groß-)städtische Charakter Downtowns. Schon Mitte des 19. Jahrhunderts wurde die Stadt Winter Park geplant – und war damit die erste am Reißbrett entstandene Stadt Floridas. Reiche Industrielle, vor allem aus dem Norden der USA, legten sich hier einen klimatisch angenehmen Rückzugsort für die kalten Wintermonate an. So kam der Ort denn auch zu seinem Namen und stand voll im Zeichen der Erholung.

Letzteres gilt auch heute noch. Statt Supermärkten finden sich in Winter Park Museen und Galerien an den Hauptstraßen. Hier leben vor allem wohlhabende Amerikaner (durchschnittliches Jahreseinkommen $58.000, 94% haben Englisch als Muttersprache) und hier treffen sich berühmte Menschen (darunter Künstler, Schauspieler, Sportler) und alle, die Ruhe suchen und sich hier ein Haus leisten können. Es herrscht gelebte Idylle, vor allem an den zahlreichen Gewässern. Die sind aber auch gleichzeitig Trainingsort für die Sportler (Ruderer, Segler) des Rollins College bzw. der Full Sail University. Einen besonders guten Blick auf die Gebäude, die parkähnlichen Gärten und die gesamte Landschaft hat man vom Wasser aus (z.B. bei einer Scenic Boat Tour, s.S. 118).

Etwas kleinstädtischer geht es in den Nachbargemeinden **Maitland** und **Eatonville** zu. Hierher kommen vor allem Menschen, die noch mehr die Ruhe zu schätzen wissen und sich auch an kleineren Attraktionen erfreuen können.

Eine der bezaubernden „Südstaatenvillen" am Ufer des Lake Osceola in Winter Park

23 Rollins College ★ [M2]

1885 wurde das College als **erste Universität Floridas** gegründet. Bei den Gründervätern handelt es sich um sogenannte **Kongregationalisten.** Dies ist eine Bewegung christlicher Gemeinden, die die Selbstständigkeit jeder Gemeinde als oberste Regel hat. Diese Universitäten und Rollins im Besonderen achten sehr auf individuelle Betreuung mit kleinen Studentengruppen und viel Teamarbeit. So hat man Kursgrößen von etwa 17 Studenten und ein Studenten-Lehrer-Verhältnis von 10:1. Künstlerische Fächer, Musik, Naturwissenschaften und Wirtschaft stehen hier an erster Stelle.

Das College ist stolz darauf, unter den Alumni auch einen Nobelpreisträger zu haben (Donald James Cram, der 1987 den Preis in Chemie erhielt), und darauf, dass das Condé Nast Traveller Magazine den Campus als einen der schönsten Amerikas bezeichnet. Es gibt schön angelegte Rasenflächen und Bauminseln, auf denen das malerische Spanish Moss von den Ästen herunterhängt. Geradlinige Wege und Straßen durchziehen das Gebiet, Springbrunnen lockern es optisch auf und im Nord- und Südosten grenzt der Campus an die Seen Lake Virginia und Lake Osceola.

› 1000 Holt Ave., Winter Park, Tel. 407-6462161, www.rollins.edu. Wer nur den Campus besichtigen möchte, kann dies jederzeit. Ansonsten sind Besuchszeiten, bei denen man auch mit Personal und Studenten sprechen sowie Hörsäle und Studentenwohnungen besichtigen kann, nach Voranmeldung Mo bis Fr um 9.30 und 13.30 Uhr. Dies ist vor allem für potenzielle Studenten gedacht.

EXTRATIPP

Saturday Farmers' Market

Jeden Samstag trifft „man" sich in Winter Park zum Einkauf auf dem Markt, der aber nicht nur dem Einkauf, sondern vielmehr als sozialer Anlaufpunkt/Austauschpunkt dient. Viel wichtiger als der Erwerb von Pflanzen, Obst und Gemüse (und die sind alle sehr gut) sind die Gespräche und das Sehen und Gesehenwerden.

5 [M2] **Saturday Farmers' Market,** 200 W New England Ave., Winter Park, Tel. 407-5993397, https://cityofwinterpark.org/departments/parks-recreation/farmers-market, Öffnungszeiten: Sa 7-13 Uhr, geschlossen: 3. Samstag im März

24 Audubon Center for Birds of Prey ★ [Faltplan]

Geier, Eulen, Falken, Habichte und Weißkopfseeadler sind die Attraktionen des Parks. Dabei handelt es sich aber nicht um einen Vogelpark im Sinne eines Zoos, sondern vielmehr um eine Station, in der **verletzte und kranke Vögel versorgt und gepflegt** werden. Nach der Heilung geht es dann um Auswilderung, was leider nicht immer gelingt. Die Vögel, die man nicht wieder in die Freiheit entlassen kann, sind dann in Gehegen zu sehen und helfen bei den Informations-/Unterrichtsprogrammen Besuchern ein besseres Verständnis dieser faszinierenden Tiere zu ermöglichen.

Besonders niedlich sind die fast jedes Jahr im Frühjahr stattfindenden Shows mit frisch geschlüpften Eulenküken.

› 1101 Audubon Way, Maitland, Tel. 407-6440190, www.fl.audubon.org, Besuchszeiten: Di-So 10-16 Uhr, Eintritt: $ 8, Kinder $ 5

Lake Buena Vista

Wenn man „Orlando“ als Reiseziel angibt, meint man oft eigentlich das Walt Disney World Resort und damit eine „Welt“ für sich, die aus vier Themen- und zwei Wasserparks sowie mehr als 20 Hotels besteht, von Restaurants und Geschäften gar nicht zu reden. Das alles umfasst ein Gebiet von 15.000 Hektar oder 150 Quadratkilometern.

25 Walt Disney World Resort ★★★ [Faltplan]

Kinderträume werden wahr, Jugendliche und Erwachsene begeistern sich an irren Achterbahnfahrten, 3D-Animationen, futuristischem Spektakel und exotischen Tieren.

Am 17. Juli 1955 eröffnete Walt Disney sein erstes Disneyland im kalifornischen Anaheim. Disneys Idee war die Erschaffung einer Welt, die Jung und Alt gleichermaßen in ihren Bann ziehen konnte und beiden großes Vergnügen bereiten sollte. Mit dem großen „Aschenputtel“-Schloss und vielen Gestalten aus Märchen und Disneys Zeichentrickfilmen wurde das Disneyland schnell im Volksmund zum „Magic Kingdom“, dessen Magie sich kaum jemand entziehen konnte. Doch schon während der Bauphase wurde den Planern deutlich, dass zu wenig Platz für all die Ideen war, die man eigentlich verwirklichen wollte.

Da Disneys Familie eine Beziehung zu Florida hatte (s. S. 90), plante er einen weiteren Freizeitpark nahe Orlando, denn wie in Kalifornien stimmen hier auch die klimatischen Bedingungen, sodass es ganzjährig möglich ist, den Park zu betreiben und zu besuchen. Durch Strohmänner ließ er günstig Land aufkaufen und konnte so ein noch größeres, attraktiveres Magic Kingdom eröffnen.

Als der erste Park der neuen Walt Disney World in Orlando 1971 eröffnet wurde, konnte man vor allem das Schloss von Aschenputtel (Cinderella) bestaunen, das den optischen Mittelpunkt des **Magic Kingdom** darstellt. Im Umfeld des Schlosses gibt es im „Königreich“ die Areale Main Street, U.S.A (mit seinen fantasievollen Gebäuden), Fantasyland (mit Peter Pan und Arielle, der kleinen Meerjungfrau), Adventureland (mit dem Baumhaus der Swiss Family und den Piraten der Karibik), Frontierland (mit Tom Sawyer Island und Splash Mountain), Tomorrowland (mit Space Mountain und Astro Orbiter) und Liberty Square (mit der Hall of Presidents), um nur ein paar zu nennen.

Außer der Erkundung dieser Attraktionen und dem Betrachten verschiedener 3D-Filme gehören natürlich abenteuerliche Sturzfahrten von Bergen und durch Minenstollen oder Achterbahnen, die ins Wildwasser preschen, zum Programm. Wenn man dann am Nachmittag noch die Parade aller Disneyfiguren auf der Main Street anschauen kann (um 15 Uhr) und kurze Zeit später das allabendliche Feuerwerk über dem Schloss erlebt, ist dies vielleicht ein „schönster Tag“ im Leben eines Kindes.

Ein weiterer bekannter Teil der Disney World ist die sogenannte „Experimental Prototype Community of Tomorrow“ oder kurz **EPCOT**. Walt Disney hatte sich vorgenommen, eine modellhafte Stadt zu bauen, in der 20.000 Menschen leben sollten und die als eine Art Feldtest für Stadtplanung dienen sollte. Er schaffte es allerdings nicht, das gigantische Projekt zu finanzieren und so wurde

EPCOT erst nach Disneys Tod als Vergnügungspark Realität. 1982 war es dann soweit. Zunächst wurde dieser Park als EPCOT Center eröffnet und 1996 in EPCOT umbenannt.

Ist das Magic Kingdom an seinem Schloss zu erkennen, so ist es bei EPCOT eine gigantische Kugel, das Spaceship Earth. EPCOT gliedert sich in die Teile **Future World East** und **Future World West** (zum Beispiel kann man das Auto der Zukunft erst selbst designen und dann fahren – leider nur 3D animiert –, oder man genießt einen 3D-Flug zu den beeindruckendsten Plätzen dieser Welt) sowie World Showcase. Autoteststrecken, die Geschichte der Kommunikationstechnologie, ein IMAX-Kino, Kapitän Nemo und seine Freunde (darunter Schildkröten), die Architektur und Kultur fremder Länder (aus Deutschland stammen ein Biergarten, die Karamellküche und eine Glas- und Porzellanmanufaktur) und Mission: Space sind im **World Showcase** zu bestaunen. Natürlich kann man auch hier wieder irre Fahrten erleben. Bei Mission: Space begibt man sich beispielsweise auf eine animierte Marsmission mit hoher Fliehkraftwirkung. Man befindet sich in einem „Raumschiff“ und erlebt Start, Ausweichmanöver und kleinere Unfälle fast live mit, denn Maschinen steuern das Raumschiff in immer neue Richtungen, wobei man durch die Fliehkraft immer wieder in seinen Sitz gepresst oder nahezu herausgerissen wird. Keine Sorge, es passiert nichts, man ist gut angeschnallt.

Auch fantasievolle Filme und das einmal jährlich stattfindende „International Flower & Garden Festival“ im Frühjahr und das „International Food & Wine Festival“ im Herbst gehören zu EPCOT. Die **Undiscovered Future World Tour** vermittelt zudem bei einer vierstündigen Führung ($ 69) einen Einblick in die Idee und Visionen Disneys, als er EPCOT plante.

Der dritte Park ist **Disney's Hollywood Studios.** 1989 eröffnet, entführt der Park in die Welt der Muppets (in 3D), die des Films „Die Schöne und das Biest“, aber auch mit toller Stuntshow in die Abenteuer von Indiana Jones. „Mickey gegen das Böse“, so könnte man die Show mit Laser-, Licht- und Feuerwerkseffekten bezeichnen, die unter dem

Das Cinderella Schloss ist das Wahrzeichen des Walt Disney World Resort

Namen „Fantasmic" Besucher in ihren Bann zieht. Rasante Achterbahnfahrten in Straßenkreuzern mit dem Rock 'n' Roller Coaster zur Musik von Aerosmith und natürlich der ultimative Thrill von The Twilight Zone Tower of Terror begeistern die Besucher seit Jahren. Bei Letzterem geht es um verschwundene Personen im Hollywood Hotel der 1930er-Jahre. Plötzliche „Abstürze" in viele Stockwerke tiefe Schächte können empfindlichen Mägen ziemlich zusetzen.

Wer immer schon mal mit dem Raumgleiter fliegen wollte, kann Star Tours in 3D erleben und sich notfalls mit dem Einsatz von „Laserwaffen" schützen. Ab Mitte 2018 werden neue Elemente der Toy Story eröffnet und 2019 gibt es eine neue 3D-Animation zu Star Wars, die „bis an den Rand der Galaxie führt".

Der letzte der vier Themenparks ist **Disney's Animal Kingdom** (1989 eröffnet). Unübersehbares Wahrzeichen des Parks ist der „Himalaya", ein künstliches Gebirge von etwa 60 Metern Höhe, zu dessen Gipfel eine Achterbahn fährt, um dann um so schneller wieder herunterzurasen, z. T. auch rückwärts. Das Areal ist ebenfalls in verschiedene Bereiche unterteilt: Die Oasis lockt mit exotischen Tieren wie Ameisenbär, Löffler, Känguru, Zwerghirsch und Hirscheber sowie Discovery Island zu spannenden Entdeckungen, mal animiert und in 3D, mal real: In Pandora taucht man in die Welt des Film „Avatar" ein und in Africa kann man die für den Kontinent typische Tierwelt beobachten und an einer Expedition zum Kilimanjaro teilnehmen. In Asia lernt man die Tierwelt Asiens kennen (inklusive Komodowaranen) und kann auch eine rasante Everest-Tour und ein Kali-River-Rafting unternehmen, um dann schließlich im Dinoland U.S.A. die Welt der Dinos an T-Rex-Modellen, Skeletten und 3D-Animationen zu erkunden.

Neben diesen Themenparks gibt es noch die beiden **Wasserparks Typhoon Lagoon** und **Blizzard Beach.** Beide haben tolle Rutschen und bieten jede Menge Badespaß für den ganzen Tag. Entscheiden muss man sich nur, ob man die tropischen Gefilde der Typhoon Lagoon vorzieht, in dem das Design vorgibt, gerade habe „ein Wirbelsturm große Verwüstungen" angerichtet, oder lieber in eine Welt eintaucht, die so aussieht, als ob ein ehemaliges Ski-Resort zu einer wunderbaren Wasserlandschaft umfunktioniert wurde.

› **Walt Disney World Resort,** Lake Buena Vista, ab der I4 ausgeschildert, erreichbar über den World Drive, Tel. 407-9391939, www.disneyworld.disney.go.com, Eintritt: ab $ 99,50, Kinder $ 93,50 für ein Tagesticket (erhältlich an der Tageskasse). Mit diesem Ticket kann man dann nur einen Park besuchen, so dass es verhältnismäßig günstiger wird, wenn man Mehrtagestickets bucht, die dann für mehrere Parks gelten. Hilfreicher Begleiter für einen Parkbesuch ist die App „My Disney Experience" (s. S. 107). Für den gesamten Bereich der Walt Disney World gilt ein Veröffentlichungsverbot von Bildern (s. S. 103).
› **Magic Kingdom,** 1180 Seven Seas Dr., Öffnungszeiten: tgl. 9–24 Uhr
› **EPCOT,** 200 Epcot Center Dr., Öffnungszeiten: tgl. 9–21 Uhr
› **Disney's Hollywood Studios,** 351 S Studios Dr., Öffnungszeiten: tgl. 9–21.30 Uhr
› **Animal Kingdom,** 2901 Osceola Pkwy, Öffnungszeiten: tgl. 9–22.30 Uhr
› **Typhoon Lagoon,** 1145 E Buena Vista Blvd., und:
› **Bizzard Beach,** 1534 Blizzard Beach Dr., Öffnungszeiten: 9–17 Uhr (beide Parks)

Kissimmee

Eigentlich ein eigenständiger Ort ist Kissimmee nahezu mit Orlando zusammengewachsen, zumal sich auch das Walt Disney World Resort 25 in unmittelbarer Nähe befindet.

26 Gatorland ★★★ [Faltplan]

Alligatoren, Schlangen, Sümpfe (mit Mücken) – kurz gesagt: Das Abenteuer ruft! Aber keine Sorge, die Risiken sind überschaubar, der Spaßfakor und Unterhaltungswert hingegen hoch.

1949 kaufte **Owen Godwin** zusammen mit seiner Frau **Pearl** ein Stück Sumpf am Orange Blossom Trail. Er baute eine Holzhütte, sammelte allerlei Reptilien und gründete das Florida Wildlife Institute. Ziel war es, Durchreisenden die Welt der Reptilien näherzubringen. Heute nennt sich das mittlerweile in Gatorland umbenannte Gelände stolz **„Alligator Capital of the World"**.

024or-ho

Aus der Hütte am Sumpf ist eine große Anlage geworden, die auf modernstem Standard basiert. Geblieben sind der Sumpf und die Tiere. Deren Zahl ist aber gewachsen und auch das Artenspektrum, neben den **Alligatoren** (auch Albinos) gibt es das **Amerikanische Krokodil, Schildkröten, allerlei Vogelarten, Wildkatzen** und giftige sowie ungiftige **Schlangen.** Im **Kletterpark** (zusätzliche Kosten!) kann man an Zip Lines über die Gehege rutschen.

Wie nahezu alle Attraktionen in Orlando ist auch dieser Park zunächst einmal auf Unterhaltung ausgelegt, d. h. es gibt **Shows,** in denen die Tiere gezeigt werden und in denen Menschen mit ihnen interagieren. In den Shows werden aber zugleich Fakten erläutert, die es den Besuchern möglich machen, ein besseres Verständnis für das Verhalten der Tiere zu erlangen. So erfährt man z. B. etwas über die Unterschiede zwischen Alligatoren und amerikanischem Krokodil im Hinblick auf ihren unterschiedlichen Körperbau, aber auch über ihr unterschiedliches Verhalten, ihren Lebensraum, ihre Nahrung etc.

Wenn man einen sogenannten Photographer Pass bucht, kann man schon ab 7 Uhr in den Park (Februar–Mitte Juni Do–So). Dann sind nur wenige Besucher vor Ort und man kann in Ruhe die Tiere beobachten. Außerdem kann man einen Tageskurs als Trainer buchen (online unter „Experiences").

› 14501 S Orange Blossom Trail, Kissimmee, Tel. 407-8555496, www.gatorland.com, geöffnet: tgl. 10–18 Uhr, Eintritt: $ 29,99/19,99

27 Kissimmee Old Town ★★ [Faltplan]

Eigentlich erscheint Kissimmee Old Town wie eine Kleinstadt oder auch wie das ehemalige Zentrum des heutigen Kissimmee, aber eben nur eigentlich, denn Old Town wurde 1986 als Shopping- und Entertainmentort bzw. Themenpark geplant und gebaut. Und das ist sie heute noch. Wer also Spaß am Shoppen hat, gerne flaniert, essen und trinken geht, ist hier richtig. Natürlich gibt es auch Fahrgeschäfte, ein Voodoo-Haus, das Geisterhaus Mortem Manor, ein Riesenrad etc. (gegen Gebühr). Und für Liebhaber historischer Autos und Muscle Cars gibt es wöchentlich stattfindende Shows mit zahlreichen Corvette-Modellen und der Saturday Nite Classic Car Show & Cruise, wenn Dutzende dieser Oldtimer über die Straßen defilieren.

› 5770 W Irlo Bronson Hwy, www.myoldtownusa.com, geöffnet: tgl. 10–23 Uhr

28 Reptile World ★ [Faltplan]

Ob **Kobras, Mambas, Ottern, Vipern** oder welche Schlangen sonst noch giftig sind oder wegen ihrer schieren Größe Aufsehen erregen, hier kann man sie beobachten und mehrfach wöchentlich in Aktion erleben, wie sie **sachkundig gemolken** werden. D. h. man nimmt ihnen Gift ab, um z. B. Schlangenserum zu gewinnen, das dann weltweit an medizinische Einrichtungen bzw. Forschungseinrichtungen verkauft wird, um zur Herstellung von Gegengiften bei Schlangenbissen Verwendung zu finden oder zur Entwicklung neuer Arzneimittel zu dienen. Dazu muss die jeweilige Schlange (je nach Größe des Tieres) von ein bis zwei Personen gehalten werden. Eine der beiden Personen fixiert dabei den Kopf des Tieres so, dass die Schlange allerdings noch ihr Maul öffnen kann. Presst man dies nun mit dem Oberkiefer auf einen Becher, der meist mit einer Membran verschlossen ist, penetrieren die Giftzähne die Membran (bzw. stoßen auf Glas). Durch diesen Reiz beginnt die Schlange, das Gift aus ihren Giftdrüsen durch den Zahn zu pumpen und die Besucher können es relativ dickflüssig in den Becher fließen sehen.

Neben der Vielzahl an Schlangen gibt es noch ein paar Alligatoren, ein Nilkrokodil, Leguane und einen Schildkrötenteich.

› 5705 W Irlo Bronson Hwy, Kissimmee, Tel. 407-8926905, www.reptileworldserpentarium.com, geöffnet: Di–So 10–17 Uhr, Eintritt: $ 11,50/9,50

EXTRATIPP

Disney's Fantasia Gardens Miniature Golf Course

Vor allem Kinder werden von dem 18-Loch-Kurs begeistert sein, denn schließlich gibt es hier zahlreiche „Bekannte" aus Disneys Welten, die die einzelnen Abschnitte immer wieder neu freundlich und kindgerecht gestalten.

•6 **Disney's Fantasia Gardens Miniature Golf Course**, 1205 Epcot Resorts Blvd., Kissimmee, geöffnet: tgl. 10–23 Uhr, Tel. 407-5604870, www.disneyworld.disney.go.com, Eintritt: $ 14/12

Ursprünglich stammt der Ritteranolis aus der Karibik, mit etwas Glück kann man die hübschen Echsen aber auch in Orlando entdecken

29 Medieval Times Dinner & Tournament ★★★ [Faltplan]

Mit den Hufen stampfende Rösser, martialisch gekleidete Ritter, eine große Manege und ein tosendes Publikum, das „seinen" Ritter anfeuert – ein mittelalterliches Spektakel der besonderen Art.

Mittelpunkt der gesamten Anlage ist die große **Burg.** Um sie herum stehen allerlei Gebäude, die es auch im Mittelalter so gegeben hat. So kann man Ställe und Schmiede besuchen, Töpferwerkstatt und Folterkeller. Dies aber nur als Appetithappen für die **eigentliche Show.** Bei ihr kämpfen dann in einer großen Arena verschiedene „Ritter" mit Lanzen, Schwertern und anderen Waffen um die Gunst einer „Prinzessin". Jedem Ritter ist ein Teil der Gäste zugeordnet, die mitfiebern, anfeuern oder erschüttert sein Versagen beobachten. Dazu gibt es ein einfaches, rustikales Mahl (ohne Besteck).

› 4510 W Vine St., Kissimmee, Tel. 407-3962900, www.medievaltimes.com, Eintritt: je nach Saison ab $ 43,95/30,95, Shows je nach Jahreszeit ab 18 Uhr, manchmal zwei Shows pro Tag

025or-ho

Space Coast

Etwa eine Fahrstunde von Orlando bzw. ca. 1½ Fahrstunden von Kissimmee entfernt, erreicht man am Atlantik das Stück der Küste, das auch als Space Coast bezeichnet wird (von Palm Bay im Süden bis Titusville im Norden), weil sich hier das Kennedy Space Center 30 befindet.

Überquert man den Indian River, bei dem man wegen der Dimensionen stellenweise bereits den Eindruck hat, über Teile eines Meeres zu fahren, gelangt man auf die Halbinsel **Merritt Island.** Kilometerlange, weiße Sandstrände (zum Teil bewacht) wie der **Cocoa Beach** erstrecken sich hier entlang des Atlantiks und ziehen **Badegäste, Surfer** und **Naturfreunde** an, die diverse Strand- und Küstenvögel beobachten können. Auch Delfine gehören nahezu täglich zu den Besuchern vor der Küste, manchmal jagen sie auch sehr nahe am Strand und lassen sich auch nicht von Badenden abschrecken.

In den Marschen im Hinterland leben Alligatoren und Seekühe und zwischen März und Oktober kann man Meeresschildkröten bei der Eiablage und später dann das Schlüpfen der Jungtiere beobachten. Aus diesem Grund ist jegliche Beleuchtung in der Nacht verboten, da die Tiere sich an der relativen Helligkeit über dem Meer orientieren, sollte es also am Strand heller sein als über dem Wasser, finden sie nicht zurück.

› Infos: www.cityofcocoabeach.com oder www.visitflorida.com/en-us/cities/merritt-island.html

◁ *Lasset die Spiele beginnen!*

› **Cocoa Beach** ist nahezu überall über die A1A zugänglich. Es gibt gute Parkmöglichkeiten (oft unmittelbar am Strand), viele davon gratis (vor allem außerhalb des bebauten Geländes): www.cocoabeachparking.com/all-parking/free-parking.

30 Kennedy Space Center ★★★ [Faltplan]

Wer das Besondere sucht, der sollte unbedingt einen Besuch im Kennedy Space Center einplanen. Von dem berühmten Weltraumbahnhof aus wurden unter anderem die NASA-Raketen in Richtung Mond abgeschossen und für Weltraum-Enthusiasten ist der Besuch ein Muss.

Im Zweiten Weltkrieg wurde das Gelände nahe dem heutigen Kennedy Space Center als Flugplatz der Luftwaffe genutzt. Seit den 1950er-Jahren fanden dort Raketentests statt, um das Testgelände in New Mexiko zu entlasten. Doch mit der rasanten Entwicklung der Raumfahrt musste eine neue Infrastruktur her, die man auf dem Gebiet des heutigen Kennedy Space Center realisierte, um sich weite Wege zu sparen. Ab Dezember 1968 konnten alle Raummissionen der USA von hier aus beginnen.

Die Ausstellung des Kennedy Space Centers folgt einem **chronologischen Verlauf** von den Anfängen über die Mondmissionen und des Space-Shuttle-Programms bis zum Bau und Betrieb der ISS und den Mars-Missionen.

Im **Rocket Garden** ragen zahlreiche Originalraketen auf. Man fühlt sich bei **3D-Filmen** im IMAX-Kino fast, als wäre man bei einer Mission zum Mars dabei oder auf der Milchstraße unterwegs. Im **Mission Control Center** erlebt man die letzten Minuten vor dem Start einer Rakete und bekommt auch hier das Gefühl, live dabei zu sein. Besucher können auch die **Nachbildung des Hubble-Weltraumteleskops** sowie Aufnahmen des Originals ansehen.

Ganz besonders beeindruckend ist es allerdings, dem **Space Shuttle Atlantis** gegenüberzustehen, das im Oktober 1985 seinen Jungfernflug hatte und dessen letzte Landung am 21. Juli 2011 das Space-Shuttle-Programm der USA beendete.

Beeindruckend: das Space Shuttle Atlantis

JFK, das Space Center und der Kalte Krieg

John Fitzgerald („Jack") Kennedy war von 1961 bis zu seiner Ermordung 1963 der 35. Präsident der USA. Seine Amtszeit ist charakterisiert durch das Stichwort „Kalter Krieg", was als Synonym für den von etwa 1947 bis 1989 währenden Konflikt zwischen dem sogenannten „Ostblock" (Sowjetunion und ihre zugehörigen Staaten) und den sogenannten Westmächten (unter Führung der USA) gilt. Es kam zwar nie zu einem tatsächlichen Krieg auf dem oder um das Territorium dieser Mächte, aber weltweit immer wieder zu sogenannten Stellvertreterkriegen (wie z. B. in Korea, Vietnam, Afghanistan).

Zugleich rüsteten die verfeindeten Staaten immer mehr auf, vor allem auch mit atomaren Waffen, um so ein möglichst schreckliches Drohszenario zu entwickeln. Teil dieser Entwicklung war auch der Wunsch, Raketen mit möglichst großen Reichweiten zu bauen, die z. B. aus der Sowjetunion den amerikanischen Kontinent (oder die umgekehrte Richtung) erreichen konnten. Teil dieser Forschung waren auch die Weltraumprogramme beider Staaten, denn man erhoffte sich damit eine weitere Überlegenheit über den Gegner. Dieses Ziel erreichten die Sowjets als Erste, als am 4. Oktober 1957 Sputnik 1 als erster Erdsatellit ins All startete. Viel schlimmer noch war für den Westen die Tatsache, dass die Sowjetunion damit auch über eine starke Trägerrakete verfügte, wahrscheinlich auch geeignet, einen atomaren Sprengkörper auf die USA zu senden.

Dies führte zum sogenannten „Sputnik-Schock", der den Politikern klarmachte, dass neben Kapitalismus, freier Wirtschaft und Demokratie auch neue Ideen und vor allem fähige Ingenieure gebraucht werden, um wirtschaftliche Fortschritte zu erhalten. Das veranlasste den Westen, vor allem in den USA, zu einem Umdenken in der Bildungspolitik.

Mit seinem Amtsbeginn 1961 versprach JFK den Amerikanern vieles, u. a. auch die Landung auf dem Mond noch vor dem Jahr 1970. Dies war gewagt, denn die erste Sonde auf dem Mond war 1959 die sowjetische Lunik 2, die allerdings hart aufschlug.

Die Kuba-Krise (14.–28. Oktober 1962), bei der sowjetische Raketen in Kuba und damit in Reichweite des US-Festlands stationiert wurden, führte die Welt unmittelbar an den Rand eines Atomkriegs. Nur intensive diplomatische Bemühungen konnten schließlich eine Katastrophe verhindern.

1962 gelang es dann dem amerikanischen Ranger 4, den Mond zu erreichen, allerdings stürzte er auf dessen Rückseite ab. Die Ranger 7, 8 und 9 schlugen zwischen 1964 und 1967 auf dem Mond auf, funkten aber zuvor noch Bilder zur Erde. Erst im Februar 1966 landete dann Luna 9 (ebenfalls sowjetisch) weich auf dem Mond, kurz darauf im Juni 1966 der amerikanische Surveyor 1.

1968 waren dann Frank Borman, William Anders und James Lovell die ersten Menschen, die den Mond umkreisten, und am 21. Juli 1969 setzten die Astronauten Neil Armstrong und Buzz Aldrin bei ihrer Apollo-11-Mission zum ersten Mal einen Fuß auf den Mond. Damit war die Sowjetunion geschlagen, denn ihrem Raumfahrtprogramm gelang es erst 1970, Mondgestein auf die Erde zu bringen.

Auf gar keinen Fall verpassen darf man die Abteilung „**Race to the moon**" im Apollo/Saturn V Center. Wer mag, kann sich hier in eine **Apollo-Kapsel** zwängen, **Mondstein** anfassen oder ein Stück mit dem **Mondrover** fahren. Das Highlight ist aber etwas anderes: In der gigantischen Halle hängt eine **Saturn-V-Rakete** von der Decke. So eine riesigen Rakete wurde unter anderem auch bei der „Apollo 11"-Mission genutzt, bei der Neil Armstrong, Michael Collins und Edwin „Buzz" Aldrin schließlich den Mond erreichten und auf ihm spazieren gingen.

Leider endeten übrigens nicht alle Missionen glücklich. Zahlreiche Astronauten fanden bei missglückten Starts, kurz nach dem Start oder später im All, den Tod. So explodierte die US-Raumfähre „Challenger" am 28. Januar 1986 nur 73 Sekunden nach dem Start. Die Raumfähre Columbia brach dagegen 2003 beim Wiedereintritt in die Erdatmoshäre auseinander. Mit dem **Space Mirror Memorial**, einem großen schwarzen Spiegel aus Granit, werden unter anderem die 14 Toten dieser beiden Unglücke geehrt, aber auch alle weiteren, die durch ihren Mitarbeit an Raumfahrtprojekten der USA ums Leben gekommen sind.

Die Zeit der **Raktenstarts** ist übrigens noch lange nicht vorbei. Mit etwas Glück ist man zur richtigen Zeit in der Region und kann als Zuschauer im Space Center dabei sein oder man fährt an die Küste und betrachtet das Spektakel aus der Entfernung, dafür aber ohne Eintrittsgeld. Über aktuelle Starts kann man sich auf der Website des Space Center informieren.

› **Kennedy Space Center Visitor Complex,** SR 405 Kennedy Space Center, Tel. 855-4334210, www.kennedyspacecenter.com, geöffnet: tgl. 9–18 Uhr, Eintritt: $ 50, Kinder $ 40

KURZ & KNAPP

Space Shuttle

Ein Problem der Apollo-Raummissionen war stets der Verlust von viel kostbarem Material bei gleichzeitig relativ begrenztem Transportangebot. So endete 1975 das Apollo-Programm und wurde 1981 vom Space-Shuttle-Programm ersetzt. Hier kam ein wiederverwendbarer Flug- und Transportkörper ins Spiel. Bis 2011 flogen diese bemannten Shuttle insgesamt 135 Missionen, setzten Raumsonden und Satelliten im All ab (auch das Hubble-Teleskop), reparierten sie oder brachten sie zurück zur Erde.

Naturerlebnisse im Umland

Orlando hat weit mehr zu bieten als seine Freizeitparks, denn die Stadt liegt in einem Bundesstaat, der für seine Natur und vor allem seine Tierwelt bekannt ist. Sümpfe, subtropische Flora und Fauna, Alligatoren, all das gilt es zu erkunden, zu Fuß, mit dem Quad oder dem Airboat und auf jeden Fall mit großem Spaßfaktor.

Im Wesentlichen wird die Natur der Region vom Wasser bestimmt. Riesige Marschlandschaften und ergiebige Regenfälle bei hohen Temperaturen lassen eine **subtropisch-tropische Vegetation** gedeihen, die einer **vielfältigen Tierwelt** Raum und Nahrung gibt. Während man schon in Orlando in den Hotels, Malls und Parks überall auf kleinere Echsen trifft (besonders häufig der Rotkehlanolis) und auch schon mal Warnschilder sieht, die darauf hinweisen, dass sich in und an Gewässern potenziell Alligatoren befinden können und man im unüber-

027or-ho

Graureiher sind keine Seltenheit, sie warten überall auf Beute

sichtlichen Gras auch mit Schlangen rechnen muss (s. S. 116), ist ein Zusammentreffen mit diesen Tieren dort doch eher selten. Eine Ausnahme bilden da die verschiedenen Minigolfanlagen, in deren Teichen oft Babyalligatoren gehalten werden.

Doch nicht nur die gefährlichen Tiere sind spannend, auch der Blick in die Vogelwelt lohnt sich: Reiherarten, Störche, Greife (darunter auch Weißkopfseeadler), Geier und Eisvögel sind nur ein paar Gattungen, die an dieser Stelle erwähnt werden sollen. Außerdem kann man mit Glück auch Säuger entdecken: z. B. Hörnchenarten, Gürteltiere, Füchse, Kojoten etc.

31 Revolution Off Road ★★★ [Faltplan]

Mitten im Nirgendwo, in der Wildnis wenige Meilen südwestlich der Stadt, kann man echten Off-Road-Spaß erleben. Sandige Wege, schlammige Bereiche und Gewässerdurchquerungen bieten Nervenkitzel.

Das Gelände von **Revolution Off Road** scheinbar mitten im Nirgendwo liegt an der State Road 33. Sumpfgebiete, Sandareale, Wald und die ehemaligen Weiden einer Ranch sowie weite Wasserflächen haben die ideale Spielwiese für Offroad-Erlebnisse geschaffen. Mit dem **Quad** (ATV = All Terrain Vehicle) oder dem **Mucky Duck** (einem kleinen Amphibienfahrzeug mit acht Rädern) geht es (nach einer kurzen Einführung – theoretisch und praktisch) in kleinen Gruppen geruhsam über einen Anfängerparcours und dann mit deutlich mehr Geschwindigkeit über Stock und Stein, durch Morast und Wasser. Immer wieder sieht man mal einen Alligator flüchten, Vögel kann man überall beobachten und manchmal kommt man der Natur ganz nahe, wenn Wasser und/oder Schlamm hochspritzen, in den Fußraum eindringen oder der Fahrer in engen Kehren mal die Kontrolle verliert und vom Quad fällt. So lautet denn auch eine Warnung zu Beginn jeder tour: „Be prepared to get dirty, maybe very dirty" (Dringende Empfehlung: nur Kleidung und Schuhe tragen, die nass und extrem dreckig werden können und eine zweite Garnitur, inklusive Unterwäsche, mitbringen!).

Das Airboat ist das ideale Transportmittel für die Fahrt durch flache Sumpflandschaften

› 4000 State Road 33, Clermont, Tel. 352-4001322, 877-4001322, www.revolutionoffroad.com, geöffnet: tgl. 8.30-16.30 Uhr, das Mindestalter für Fahrer beträgt 16 Jahre, ein Lichtbildausweis ist notwendig (ein Führerschein für die ATVs nicht). Bei unter 18jährigen Fahrern muss ein Elternteil an der Tour teilnehmen. Für Mucky Ducks muss der Fahrer 18 Jahre alt sein und einen Führerschein besitzen. Die etwa zweistündigen Touren kosten ab 85 $/Person.

32 Circle B Bar Nature Reserve ★★★ [Faltplan]

Sumpf- und Marschland, dichte Vegetation und offene Flächen, Alligatoren, Schlangen und vor allen Dingen zahlreiche Vogelarten locken Naturliebhaber in dieses ruhige Naturparadies.

Das Gelände der ehemaligen Circle B Bar Ranch besitzt weite Weideflächen, Flüsschen und ausgedehnte Wasserflächen. Das riesige Areal umfasst etwa 5,2 km Fläche, durchzogen von **Wander- und Radwegen.** Selbst für kürzere Wanderwege muss man schon mal bis zu drei Stunden einplanen, nicht etwa wegen der Länge, sondern eher wegen der vielen Tierarten, die es zu entdecken gibt.

In den Sommermonaten sind einige Wege gesperrt, da sie zu nah an den Nestern von **Alligatoren** vorbeiführen. Zu jeder Jahreszeit kann man diese Giganten aber an den Wasserläufen und am Lake Hancock beobachten. Entweder direkt am Ufer oder von einem der überdachten Plankenwege aus, die etliche Meter über das Wasser führen. Immer wieder sieht man hier auch **Schlangen** und ein großes Spektrum an verschiedenen **Vogel-** sowie natürlich viele **Insektenarten**, von denen man aber am ehesten mit den Stechmücken direkt in Kontakt gerät (Achtung: Insektenspray parat halten).

Wer sich vorbereiten möchte, findet auf der Website des Naturreservates PDF-Dateien mit Infos zur Flora und Fauna des Gebiets. Etwas abseits der normalen Touristenströme ist es hier sehr ruhig. Es gibt zwar ein kleines Visitor Center (Environmental Education Center), in dem man Karten und weitere Informationen bekommt, doch ein Geschäft oder ein Lokal gibt

es nicht. Aus diesem Grund muss man im Vorfeld für einen ausreichenden Getränkevorrat sorgen. Man sollte auch überlegen, welchen der Trails man gehen möchte: Einige sind durch herrliche Eichen, Palmen oder Zypressen gut beschattet, andere führen komplett oder zumindest über weite Strecken durch offenes Gelände.

› **Circle B Bar Nature Reserve,** 4399 Winter Lake Rd., Lakeland, Tel. 863-5347377, http://polknature.com/polk-nature-discovery-center/welcome, geöffnet: tgl. 6–18.30 Uhr, während der Sommerzeit von 5.30 bis 20 Uhr, d. h. von Sonnenaufgang bis Sonnenuntergang. Das Informationszentrum ist geöffnet: Di–Sa 9–16 Uhr, So 12–16 Uhr, Eintritt: frei.

33 Wild Florida ★★★ [Faltplan]

Airboat-Touren entführen in die Welt der Panzerechsen und Wasservögel und im Minizoo kann man verschiedenen Tierarten der Region sehr nahe kommen.

Die größte Attraktion von Wild Florida ist der riesige **Alligatorenteich**, in dem Dutzende dieser Panzerechsen leben. Zu den Fütterungszeiten gibt es stets ein großes Spektakel. Man kann aber auch Alligatorenfutter kaufen und selbst füttern. Hungrige Tiere kommen dann schon mal über einen Meter hoch aus dem Wasser gesprungen und man ist immer in der ersten Reihe.

Mehrfach täglich starten vom Anleger im See aus die **Airboat-Touren**, die entweder 30 oder 60 Minuten dauern. Der Cypress Lake bietet tolle Einblicke in die wundervolle Natur des Landes. Mit dröhnenden Motoren donnern die Boote über das flache Wasser, der Kapitän ist stets achtsam, und hält mit geübtem Auge nach Tieren Ausschau. Sobald er etwas findet (und das dauert nie lange) hält er an, man kann alles genau betrachten und bekommt zudem interessante Informationen.

Auch ein großer **Naturpark** gehört zum Park, in dem man auf Plankenwegen Gewässer überquert, aus denen gigantische Zypressen wachsen. Hier kann man mit geschultem Blick immer wieder Vögel, Echsen, Sumpfschildkröten oder gelegentlich eine Schlange beobachten. In einem **Minizoo** gibt es allerlei Tiere ferner Kontinente zu bestaunen, darunter auch den Tigerpython.

› **Wild Florida,** 3301 Cypress Lake Rd., Kenansville, Tel. 407-9573135, www.wildfloridaairboats.com, geöffnet: Mo–Sa 9–18 Uhr, Eintritt: $ 10/Person (gratis während regelmäßig stattfindender Gator Week), Airboat-Tour: 30 Minuten $ 28/Person, 60 Minuten $ 48/Person

KURZ & KNAPP

Der Tigerpython

Der Tigerpython ist eine riesige **Würgeschlange** (bis zu 6 m lang), die ursprünglich nicht aus Florida, sondern aus **Südostasien** stammt. Es ist vorgekommen, dass auf Schlangenfarmen gehaltene Tiere während eines Hurricanes ausgebrochen sind. Zudem haben wohl auch private Halter Tiere ausgesetzt. Da das Klima in Florida dem in der Heimat der Schlange sehr ähnlich ist und sie in Florida keine Fressfeinde hat, konnten sie sich so gut vermehren, dass man von derzeit über 30.000 Exemplaren ausgeht. Die Tiere ernähren sich von allen anderen Tieren und haben schon bei verschiedenen Arten zu massiven Verlusten geführt. Selbst Alligatoren werden von ihnen gefressen. In jedem Winter dürfen die Schlangen gejagt werden, ein großer Erfolg konnte aber nie erzielt werden.

ORLANDO ERLEBEN

029or-ho

Orlando für Kunst- und Museumsfreunde

Selbst wenn man noch einzelne Attraktionen im Bereich des International Drive mit etwas Fantasie dem Bereich Museum zuordnen könnte, so findet man die „echten" Museen doch eher in Downtown, Winter Park und Eatonville. Doch Fantasie und Kreativität sind nicht nur in den Attraktionen und Themenparks die treibenden Kräfte, sondern die kreative Szene in und um Orlando bietet ein breites Spektrum an Ausstellungen, die das unterschiedlichste Publikum bedient.

Im Kennedy Space Center 30 kann man die Faszination für den Weltraum verstehen

Vorseite: Mit dieser Kombination aus Treibstofftank und Raketen wurde die Atlantis ins All geschossen

Museen

7 [M1] **Albin Polasek Museum & Sculpture Gardens,** 633 Osceola Ave., Winter Park, Tel. 407-6476294, www.polasek.org, geöffnet: Di–Sa 10–16 Uhr, So 13–16 Uhr, Eintritt: $ 10/5. Bis zu seinem Tod 1965 erschuf der Künstler mit tschechischen Wurzeln in dem von ihm selbst entworfenen Haus Kunst. Dazu zählen auch zahlreiche Skulpturen, die im Garten ausgestellt sind.

8 [M1] **Charles Hosmer Morse Museum of American Art,** 445 N Park Ave., Winter Park, Tel. 407-6455311, www.morsemuseum.org, geöffnet: Di–Sa 9.30–16, So 13–16 Uhr, Eintritt: $ 6/$ 2. Eine einzigartige Sammlung von Stücken aus dem Schaffen von Louis Comfort Tiffany, dazu zählen Buntglasfenster, Gemälde und Keramik.

9 [M2] **Cornell Fine Arts Museum,** 1000 Holt Ave., Winter Park, Tel. 407-6462526, www.rollins.deu/cfam, geöff-

Art & History Museums Maitland

Bei dem Museum handelt es sich genau genommen um fünf verschiedene an zwei Standorten, die aber recht nah beieinander liegen. Zum Museumskomplex gehören das Maitland Art Center, das Telephone Museum und das Maitland Historical Museum, am anderen Standort befinden sich das Waterhouse Residence Museum und Carpentry Shop Museum.

Im **Art Museum,** das 1937 aus einem Zusammenschluss verschiedener Künstler unter der Führung von André Smith hervorgegangen ist, gibt es viele Exponate von dieser Zeit bis zur aktuellen Kunst. Zudem ist das Gebäude selbst eines der letzten Beispiele des Architekturstils „Mayan Revival". Hinzukommen einzelne andere Exponate dieser Stilrichtung. Rund um das Thema „Telefon" dreht sich alles im **Telephone Museum.** Zu den vielen Anekdoten zum Thema Telekommunikation, die man hier präsentiert bekommt, gehört die von Carl H. Galloway, der sich 1910 entschloss, in den Häusern seiner besten Kunden ein Telefon zu installieren, um die Bestellungen zu erleichtern. Das **Maitland Historical Museum** beschäftigt sich vornehmlich mit dem Leben und Wirken verschiedener Familien im Raum Maitland. Im **Waterhouse Residence Museum** erkundet man bei einer Führung das Haus, das William H. Waterhouse (ein gelernter Zimmermann) nach eigenen Entwürfen weitgehend aus Holz baute. Handgearbeitete Möbel und andere Utensilien veranschaulichen das Leben einer Mittelschichtfamillie der viktorianischen Zeit. Im **Carpentry Shop Museum** kann man die Werkzeuge begutachten, die Waterhouse und sein 14-jähriger Sohn Charles zum Bau des Hauses und zur Herstellung der Möbel nutzten.

13 **Telephone Museum und Maitland Historical Museum,** 231 W Packwood Ave., Maitland, Tel. 407-5392181, www.artandhistory.org, Öffnungszeiten: Do–So 11–16 Uhr, Eintritt: $ 6/5

14 **Waterhouse Residence Museum und Carpentry Shop Museum,** 820 Lake Lily Dr., Tel. 407-6442451, Öffnungszeiten: Sa/So 11–16 Uhr, Eintritt: $ 3/2

net: Di 10–19, Mi–Fr bis 16, Sa/So 12–17 Uhr, Eintritt: frei. Die Sammlung auf dem Campus der Rollins Universität umfasst Kunstwerke aus Europa und den USA, beginnend bei der Renaissance bis in das 21. Jahrhundert. Sehr schön ist die helle und luftige Präsentation.

30 [Faltplan] **Kennedy Space Center.** Hier sieht man Raketen und Shuttles, die in den Weltraum flogen, erlebt rasante Animationen und begibt sich mit Astronauten auf Entdeckungsreise (s. S. 45).

18 [K4] **Mennello Museum of American Art.** Das malerisch am See liegende Gebäude mit herrlichem Garten zeigt eine Ausstellung mit Werken amerikanischer Künstler (s. S. 32).

16 [J7] **Orange County Regional History Center.** Das Museum entführt in verschiedene Bereiche der Region und des Staates Florida. Von der Entdeckung und der ersten Besiedelung (inkl. dem Thema Sklaverei), über die Flugindustrie, die hier in Central Florida als Luftstützpunkt im Zweiten Weltkrieg und als Raumfahrtstützpunkt ab den 1960er-Jahren prägend ist, bis zum Urlaubsparadies und der Landwirtschaft sowie der Natur wird hier alles in Dioramen anschaulich erläutert (s. S. 31).

15 [K4] **Orlando Museum of Art (OMA).** Gezeigt werden Werke amerikanische Künstler, die Kunst der indigenen Völker des Kontinents und Kunst der Men-

schen, die aus Afrika hierher verschleppt wurden (s. S. 30).

⑭ [K4] **Orlando Science Center.** Hier erleben die Besucher in über 100 Einzelausstellungen auf riesigen, zum Teil interaktiven Bildschirmen viel Informatives zum Thema Naturwissenschaften (s. S. 30).

M11 **Osceola County Welcome Center, History Museum & Pioneer Village,** 4155 W Vine Street, Kissimmee, Tel. 407-3968644, www.osceolahistory.org, geöffnet: tgl. 9–17 Uhr (Ausnahme: Pioneer Village, s. u.), Eintritt: frei (Ausnahme: Pioneer Village, s. u.). Im Welcome Center gibt es neben aktuellen Informationen eine wunderschöne Ausstellung zur Geschichte der Region mit zahlreichen begehbaren Bauten und vielen Exponaten zum Thema Natur. Im Pioneer Village (2491 Babb Rd., Öffnungszeiten: tgl. 10–16 Uhr, Eintritt: $ 7/3) kann man verschiedenste historische Gebäude (angefangen von Hütten der Seminolen bis zu Wohnhäusern, einer Kirche und einer Schule der Zeit um 1800) ansehen.

③ [A13] **Titanic.** Wie lebte es sich auf der Titanic und wie war es am Abend, als der Luxusliner dann entgegen aller Vorhersagen sank. Mit viel Technik wird hier eine recht realistische Kulisse geschaffen (s. S. 24).

⑩ [A16] **Wonderworks.** Die Ausstellung entführt in die Welt der Naturwissenschaften und der Psychologie (s. S. 27).

M12 **Zora Neale Hurston National Museum,** 227 E Kennedy Blvd., Eatonville, Tel. 407-6473307, www.hurstonmuseum.org, geöffnet: Mo–Fr 9–16, Sa 11–13 Uhr, einstündige Führung: $ 20. Zora Neale Hurston (1891–1960) war eine afro-amerikanische Autorin, die in den 1920er- und 1930er-Jahren den Geschichten der schwarzen Bevölkerung der Region nachspürte, sie sammelte (auch Geschichten über Voodoo) und dann als Buch veröffentlichte oder am Broadway aufführte. Viele der Geschichten spielen auch im historischen Eatonville.

Kunst unter freiem Himmel

Mural Art

Wandmalereien sind in **Downtown Orlando** an verschiedenen Stellen zu finden. Die bekannteste Gegend für Murals befindet sich rund um den ehemaligen LGBT-Klub „Pulse“ (1912 South Orange Ave.), in dem 2016 ein schwerbewaffneter Mann 49 Menschen tötete und 53 weitere verletzte (s. S. 87). Kurz darauf erschienen hier die ersten Wandmalereien (Robinson St.).

In **Parramore** gilt der West Art District (1011 W Central Blvd.) als Zentrum dieser Kunst, ebenso sind auf dem Parkplatz N Orange Blossom Trail/W Colonial Drive (östlich der Eisenbahnstrecke) und an der Wand des Pho Hoa Restaurants (649 Primrose Dr. [M6]) Murals zu finden.

Aber Achtung, nicht alle Wandmalereien haben Bestand. Immer wieder verschwinden solche Kunstwerke im Zuge von Baumaßnahmen.

See Art Orlando

2011 errichtete man in Downtown an verschiedenen Punkten **neun bedeutende Kunstwerke.** Jedes wurde von einem anderen Künstler gestaltet und kann im Rahmen der **See Art Walking Tour** erkundet werden.

Auf der Website www.downtownorlando.com/visitors/tours-downtown findet man Tourinformationen, die es jedem Interessierten ermöglichen, die einzelnen Kunstwerke zu finden und viel Wissenswertes über sie zu erfahren.

Orlando für Genießer

Etwas über die Gastronomieszene in Orlando sagen zu wollen, ist schon fast vermessen, denn die Touristenhochburg des Sunshine State wird von einer schier unglaublichen gastronomischen Vielfalt geprägt.

Die große **kulturelle Diversität** Floridas tritt auch in kulinarischer Hinsicht offen zu Tage. Vom einfachen Hotdog auf die Hand, über Sandwiches, Fast-Food-Restaurants und American Diner bis hin zu Restaurants der Spitzenklasse ist alles vertreten. Während Letztere vor allem auch die internationale Küche im Blick haben, liegt das Hauptangebot der meisten Restaurants im Bereich der amerikanischen, karibischen bzw. mexikanischen sowie der italienischen Küche.

Das Essen und Trinken wird in den USA zwar großgeschrieben, doch in den letzten Jahren hat auch das **Gesundheitsbewusstsein** der Amerikaner deutlich zugenommen. Dennoch gibt es in den meisten Restaurants immer noch Portionen, von denen durchaus zwei Personen satt werden können.

Kulinarischer Tagesablauf

Frühstück

Während man in Hotels/Motels meist zwischen 6 und 10/11 Uhr frühstücken kann, ist dies in den Diners und Fast-Food-Restaurants fast zu jeder Zeit möglich. Auf Speisekarten werden oft sowohl Continental Breakfast als auch American Breakfast angeboten, in verschiedenen Hotels/Motels ist auch das eine oder andere im Zimmerpreis enthalten. Zum **Continental Breakfast** gehören stets Kaffee, Tee, Toast, *Bagels* oder *English Muffins* (Hefegebäck, mit unseren Toasties vergleichbar), Frischkäse *(cream cheese)* und Marmelade, manchmal auch sogenannte *danish* (süße Gebäckteilchen), oft auch *cereals* (Cornflakes) und/oder Joghurt. Fruchtsäfte müssen in der Regel zusätzlich geordert werden.

Ganz anders ist das beim teureren **American Breakfast**, das zusätzlich auch warme Speisen beinhaltet. Eier (zwei sind normal, vier aber keine Ausnahme) in verschiedenen Formen – *scrambled egg* (Rührei), *fried egg sunny side up* (Spiegelei einseitig gebraten), *fried egg overeasy* (beidseitig gebraten), *boiled egg* (gekocht) oder *omelet* –, Schinkenspeck *(bacon)* oder Kochschinken *(ham)* und Kartoffeln (gern *hash browns*, Kartoffelpuffer) sind ein Muss. Manchmal gibt es *baked beans* (dicke Bohnen in Tomatensoße), Würstchen *(sausages)*, *hamburger* (flache Frikadellen) oder gebackene Tomaten. Wer süße Speisen mag, kann zudem noch Pfannkuchen mit Ahornsirup bekommen, Früchte essen und Joghurt verspeisen.

Da diese Mahlzeit sehr reichhaltig ausfällt, kann man getrost auf das Mittagessen *(lunch)* verzichten. Alternativ kann man sich einen *Bagel* oder *English Muffin* mit *cream cheese* bestreichen und für den kleinen Snack zu Mittag einpacken.

Mittagessen

Mittagessen gibt es in der Regel zwischen 11.30 und 16 Uhr, die Restaurants haben aber ganztägig geöffnet, sodass man zu jeder Zeit etwas zu essen bekommen kann. Der **Lunch** läuft aber in der Regel „nebenher", sodass man mittags gern auf ein schnelles Sandwich (z. B. ein Cuban Sandwich mit warmem Schweinefleisch, Schinken, Käse und Mixed

Gastro- und Nightlife-Areale
Bläulich hervorgehobene Bereiche in den Karten kennzeichnen Gebiete mit einem dichten Angebot an Restaurants, Bars, Klubs, Discos etc.

Pickles), einen Burger, einen Wrap, Pizza, Nachos, einen Salat oder Ähnliches zurückgreift. Wer mag, kann aber auch problemlos zum Lunch alles aus dem Frühstücksbereich der Karte oder schon von der Abendkarte bestellen.

Abendessen

Abendessenszeit **(dinner)** ist ab etwa 19 Uhr, wobei Restaurants vielfach schon ab 17 oder 18 Uhr mit **„Early bird"-Angeboten** locken, d.h. man bekommt bis zu 50% Rabatt auf die Speisen. Gegen 17 Uhr gibt es fast überall die sogenannte **happy hour,** zu der man Drinks meist zum halben Preis oder anderweitig ermäßigt bekommt.

Je nach Restaurant werden zum **Dinner** Fleisch- oder Fischgerichte, Pizza, Pasta, Tex-Mex-Gerichte und alles andere, was man sich sonst wünschen mag, serviert. Dazu gibt es **Salate** – entweder nur als Beilage *(side salat)* oder als Hauptgericht – gern mit Steak oder Hühnchenfleisch, Suppen, Kartoffeln in allen Variationen – Pommes, Ofenkartoffel, *hash browns* oder *mashed potatoes* (Kartoffelbrei) – und Gemüse (häufig Mais oder Karotten).

Bei **Steaks** sind die kleinsten Mengen schon etwa 170 Gramm (6 oz) schwer. „Normal" sind eher 280 Gramm (10 oz) oder 336 Gramm (12 oz) Fleisch, dazu werden Kartoffeln, Salat und vorab Brot serviert. Etliche Restaurants bieten aber auch durchaus noch größere Steaks, sodass man auch 560 Gramm (20 oz) oder 672 Gramm (24 oz) schwere Fleischstücke bekommt. Wem das dann immer noch nicht groß genug ist, der mag sich am 48 oz großen Fleischstück versuchen (also etwa 1344 Gramm) und ergänzt den „48oz Club" um ein neues Mitglied (wie z.B. bei Shula's America's Steak House, s.S.63). In Deutschland kennt man vor allem Filet- und Rumpsteaks, aber auf amerikanischen Speisekarten ist man mit dieser Kenntnis im Abseits, denn hier heißen die Steaks anders. Übrigens isst man sie **blutig** („rare"), **halb durchgebraten** („medium") oder **gut durchgebraten** („well done").

031or-hc

- **T-Bone:** Roastbeef mit Knochen und wenig Filetfleisch
- **Ribeye:** rundes Roastbeef aus der Hochrippe
- **Sirloin:** Lende bzw. Rumpsteak
- **Tenderloin:** Filet bzw. Lendenstück
- **Porterhouse:** Roastbeef mit Knochen und viel Filetfleisch
- **New York Strip:** gut marmoriertes Roastbeef
- **Prime Rib:** Fleisch vom mageren Hochrippenstück

Bei **Fischgerichten** kommen meist *snapper* (Schnapper) oder *grouper* (Zackenbarsch) auf den Tisch. Langusten aus der Region sind *spiny lobster,* während *lobster* die Hummer aus dem Norden sind. *Shrimps* (Garnelen) und *crabs* (Krabben) sind so beliebt wie *clams* oder *mussels* (Muscheln). Alle Gerichte kann man *grilled* (gegrillt), *baked* (gebacken), *boiled* (gekocht) oder *sautéed* (kurzgebraten) bestellen.

Pizza und **Pasta** unterscheiden sich vom Prinzip her nicht von den europäischen Varianten und bei den **Tex-Mex-Gerichten** gibt es Nachos mit Salsa (Maischips) als Vorspeise, Hauptgerichte sind meist Tortillas (Maisfladen), z. B. als Enchillada (gefüllt mit Bohnen und Fleisch) oder Quesadillas (wie oben, mit Käse überbacken, und Fajitas (Fleischstreifen mit Gemüse auf heißer Platte gegrillt, dazu Tortillas). Stets gehören rote Bohnen, Salsa, Sour Cream, oft auch Reis und Guacamole (Avocadocreme) dazu.

In Orlando wird niemand hungrig bleiben

Süßes

Wer für Süßes ist, der findet vielleicht ein **(Vanille-)Eis mit hot fudge** (dickflüssige Schokoladensoße) lecker, einen **Caramel Apple Pie Crisp** (eine Art Apfelstrudel mit knusprigen Stückchen, einer Kugel Vanilleeis und Karamellsoße) oder ein Stück **New York Cheesecake**, einen Käse-Quark-Kuchen, der durch Erdbeersoße oder *hot fudge* den besonderen Geschmack bekommt.

Getränke

Kaffee und **Tee** gibt es den ganzen Tag lang und im Diner auch besonders günstig, denn nur die erste Tasse muss bezahlt werden. Alle Arten von **Softdrinks** kann man ebenfalls günstig und vor allem in großen Mengen bekommen. Sie haben auch als kleine Variante schon mindestens 0,4 Liter Inhalt und können im Fall der Möglichkeit von **free refills** auch „eimerweise" getrunken werden. Letztere sind auf den ersten Blick eine tolle Sache. Man bezahlt ein Getränk und bekommt dann **so oft man möchte nachgeschenkt** bzw. kann sich selbst am Automaten bedienen. Dies gilt fast immer für Kaffee im klassischen **Diner**, aber auch meist für Softdrinks. Ähnlich ist es bei großen **Fastfoodketten**, wobei Filialen in großen Shopping und Outlet Malls oft Ausnahmen sind.

Wer so günstig trinkt, sollte aber auch beachten, was er da zu sich nimmt. Refills bei einem großen Softdrink („large" – etwa 800 ml Inhalt –, „extra large", „super large" oder „supersize") bedeutet problemlos, dass man bei der tropischen Wärme schnell mal 1,5 oder gar 3 l gezuckertes Wasser trinkt. Da kann man sich dann jede Diät schenken.

Alkohol

Aus Geschichten und Filmen kennt man die Gangster wie z. B. Al Capone, die nur groß wurden, weil sie anfänglich illegal mit Alkohol handelten. Dies hatte seinen Grund in der sogenannten **Prohibition**, dem Verbot des Handels mit und Genusses von Alkohol aus den 1920er-Jahren. Was damals zu hoher Kriminalität führte, ist bis heute noch nicht ganz beseitigt. Es gibt nach wie vor sogenannte **dry counties**, d. h. Bezirke, in denen man legal keinen Alkohol erwerben kann.

EXTRATIPP

Wein aus Florida – zu Besuch in der Lakeridge Winery & Vineyards

Weinanbau in Florida? Ja, das gibt es, und zwar nahe Orlando. Die **Lakeridge Winery** (gegründet 1988) bietet im schönen Ambiente die Möglichkeit zu geführten Touren in ihrem Anbaugebiet und in der Winzerei sowie eine Verkostung eigener und zugekaufter Weine (aus Kalifornien). Natürlich können die Weine und verschiedenes Zubehör auch gekauft werden.

Weinliebhaber werden möglicherweise zunächst irritiert sein, wenn sie den Wein aus Florida testen, denn statt der üblichen Rebensorten werden hier die **Muscadine-Sorten** (Vitis rotundifolia) geerntet, die deutlich größere Früchte bilden und deren Farbe von Weiß über Bronze bis zu tiefdunklem Purpur oder gar Schwarz reichen. Die gekelterten Weine sind süßer als europäische Weine, lohnen aber auf jeden Fall eine Verkostung.

- **15 Lakeridge Winery & Vineyards,** 19239 US 27 North, Clermont, Tel. 352-3948627, www.lakeridgewinery.com, geöffnet: Mo–Sa 10–17, So 11–17 Uhr, die letzte Tour startet tgl. um 15.45 Uhr, die Touren sind gratis

Es ist normal, in Supermärkten entweder gar keinen Alkohol zu finden, oder wenn, dann nur leicht alkoholische Weine oder Bier. Will man eine größere Auswahl oder Hochprozentiges, muss man einen **liquor store** aufsuchen. Oft gehören sie zu den Ladenarkaden von Supermärkten, häufig findet man sie auch an großen Highways. Hier erhält man dann alles (manchmal sogar rund um die Uhr), was das Herz oder besser der Gaumen begehrt. Spätabends und nachts bekommt man alles am *drive thru,* d. h. man meldet seine Wünsche an einem Autoschalter an, ohne das Geschäft selbst betreten zu können.

Zum Erwerb und Konsum von Alkohol muss man **mindestens 21 Jahre alt** sein und dies notfalls auch mithilfe amtlicher Dokumente belegen können. Trinkt man *underaged* (also unterhalb dieser Altersgrenze), gelten empfindliche Strafen.

Nur in wenigen Restaurants gibt es Hochprozentiges, denn solche Lokale benötigen eine spezielle **Schanklizenz** *(licensed restaurant),* sonst gibt es manchmal Bier und/oder Wein, alternativ gilt gelegentlich BYOB, also „bring your own bottle", d. h. man darf sich seine Flasche Wein mitbringen, der Wirt erhebt dann ein sogenanntes Korkgeld.

Amerikaner sind von Mixgetränken fasziniert, sodass nahezu jede **Bar** diverse **Cocktails** und **Longdrinks** anbietet. Besonders beliebt sind vor allem Margaritas, entweder *frozen* (also fast zähflüssig mit zerkleinertem Eis) oder auf Eis. Meist wird der Drink mit einem Salzrand am Glas und einer Limonenscheibe serviert.

Alkohol, und dazu gehört auch Bier, darf nicht einfach auf der Straße konsumiert werden, deshalb bekommt man Flaschen auch nur in **braunen**

Papiertüten, aus denen man dann auch trinken kann, solange die darin befindliche Flasche nicht erkennbar ist. Alle öffentlichen Gebiete, alle (State) Parks und natürlich das Auto sind **alkoholfreie Zonen.** Alkoholhaltige Getränke dürfen sich auch nie im Innenraum eines Autos befinden!

Im Restaurant

„**Please, wait to be seated**", ist ein klassischer Satz, den Restaurantbesucher kennen sollten. Fast immer steht er schon am Eingang, damit niemand auf die Idee kommt, sich selbst einen Tisch auszusuchen. Man wartet, bis man zum Tisch geleitet wird, oder man bekommt die Information „Sit wherever you want". Wird man zum Tisch geleitet, heißt das aber nicht, dass automatisch nur dieser zu bekommen ist. Man darf auch ruhig nach einem anderen Platz fragen, wenn z. B. genau über diesen Tisch eine zu kühl eingestellte Klimaanlage bläst.

Ist kein Tisch frei, kann es sein, dass man zur Überbrückung an der Bar (sofern vorhanden) platziert wird. Manchmal bekommt man auch einen elektronischen Empfänger, der durch Vibration und Leuchten auf sich aufmerksam macht, sobald ein Tisch frei wird. Zum Gerät gibt es stets auch eine ungefähre Zeitangabe, die in der Regel zwischen 15 und 45 Minuten liegt. Möchte man solche Verzögerungen vermeiden, sollte man frühzeitig zum Abendessen gehen oder reservieren.

Zwischen 18.30 und 19.30 Uhr bekommt man oft vergünstigte **Early Bird Dinners.** Bei einem solch frühen Dinner oder auch zur normalen Abendessenszeit wird vom Gast erwartet, **nach dem Essen den Tisch**

032or-ho

zügig zu räumen (schließlich warten andere Gäste). Möchte man noch gemütlich sitzen, plaudern und eventuell dazu etwas trinken, gehen Amerikaner an die Bar oder in die Lobby und erwarten dies auch von ausländischen Gästen. Eine Ausnahme gibt es beim sogenannten **second seating**, dem Essen nach 20.30/21 Uhr, denn meist werden dann keine weiteren Gäste mehr erwartet und man kann sich ruhig Zeit lassen.

Wasser, oft als Eiswasser, wird stets gratis eingeschenkt oder in einem Gefäß auf den Tisch gestellt. Dabei handelt es sich um **Leitungswasser**, das bedenkenlos getrunken werden kann.

Auch in Orlando trägt man der Situation Rechnung, dass Menschen häufiger auf **gesunde Ernährung** achten. So gibt es fast überall auch **leichte Gerichte** auf den Speisekar-

Ist noch kein Tisch frei, nimmt man ein Weilchen an der Bar Platz

ten, wenngleich trotzdem fast alles in **großen Mengen** aufgetischt wird, von denen zwei Personen satt werden können. Eine Ausnahme bilden die Speisen, die als **Senior Menu** oder auch als **55+** angeboten werden. Sie sind in der Menge und im Kaloriengehalt deutlich reduziert (können aber auch von jüngeren Menschen bestellt werden).

Ist man sich bezüglich der Größe der Portionen nicht ganz sicher, kann man vor der Bestellung einen Blick auf den Nebentisch werfen, bevor man der Versuchung erliegt und Vorspeise, Hauptgang und vielleicht sogar noch ein Dessert bestellt. Vielesser finden im Orlando zwar ihr Dorado, Normalesser kommen aber schnell an ihre Grenzen. Wer vorher aufgibt, kann die Reste natürlich zurückgehen lassen oder den Kellner darum bitten, sie zu verpacken. Ein solches **doggy bag** – also eine Tüte für den Haushund (oder den nächtlichen Heißhunger) – ist allseits akzeptiert, obwohl fast jeder weiß, das kaum ein Hund das Essen jemals zu Gesicht bekommt.

Irgendwann ist es soweit, man möchte gehen. Je nach Restaurant bringt der Kellner die **Rechnung** schon mit den Gerichten an den Tisch oder man bittet am Ende des Essens darum („The check, please.“). Nur selten wird am Tisch kassiert, normal ist der sogenannte **cashier**, ein zentraler Kassierer, der nahe dem Ausgang seine Kasse hat. Hier zahlt man nach Vorlage der Rechnung vom Tisch entweder mit Karte oder bar. Das **Trinkgeld** *(tipp, gratuity)* kann man bei Kartenzahlung addieren (entsprechende Spalten sind vorgesehen) oder man lässt Bargeld am Tisch zurück. Ca. 15 % bis 18 % des Rechnungsbetrags sind üblich und sollten nur dann nicht gegeben werden, wenn man wirklich unzufrieden war. Möchte man den *tipp* nicht zur Summe addieren, empfiehlt sich ein Streichen der Spalte und ein handschriftliches Eintragen der Endsumme in der entsprechenden Zeile.

Hervorhebenswerte Lokale

Ein großer Teil der gastronomischen Betriebe gehört zu national oder auch international arbeitenden Ketten. Andere sind den größeren Hotels oder Vergnügungsparks angeschlossen. Und dann gibt es außerdem auch noch etliche Restaurants, die eigentlich schon wieder Sehenswürdigkeiten sind oder zumindest über den rein kulinarischen Aspekt hinausgehen, indem sie neben dem Dinner vor allem Shows und Entertainment servieren.

Amerikanisch

16 [K5] **Better than Sex** $-$$, 905 N Orange Ave., Tel. 407-77618949, www.betterthansexdesserts.com, geöffnet: Mi–So von 18–24 Uhr. Angeblich ist die Idee für das „Dessert-Restaurant“ aus einer Riesentorte als Dessert und später einer Überraschung zum Valentinstag entstanden. Beides empfanden die Gründer Dani und Len Johnson als „besser als Sex“. 2008 eröffnete man in Key West, 2015 in Orlando. Hier gibt es nun ausschließlich süße und noch süßere Desserts (mit exotischen Namen wie

Preiskategorien

Die Preiskategorien beziehen sich auf eine Mahlzeit ohne Getränke.

$	bis 12 $
$$	12–18 $
$$$	18–35 $
$$$$	über 35 $

„The Morning After" oder „Peanut Butter Perversion"), aber in Mengen, die auch als komplettes Abendessen durchgehen. Der perfekte Ort für romantische Momente in gemütlichen Nischen. Kinder sind nicht erwünscht!

17 **Capone's Dinner and Show** $$$$, 4740 W Irlo Bronson Memorial Hwy, Kissimmee, Tel. 407-3972378, www.alcapones.com, tgl. ein bis drei Shows um 13, 17 und 19.30/20.30 Uhr (aktuelle Zeiten auf der Website). Humorvolle Show und großes Buffet sowie Drinks an der Bar eines „Speakeasy", im Stil einer versteckten Bar der Prohibitionszeit in den 1920er-Jahren.

18 [E10] **Cheesecake Factory** $$, 4200 Conroy Rd. (The Mall at Millenia), Tel. 407-2260333, www.thecheesecakefactory.com, geöffnet: Mo-Do 11-23, Fr bis 0.30, Sa 10-0.30, So 10-23 Uhr, WLAN. Dies ist die Verwirklichung des amerikanischen Traums: Evelyn Overton besaß in den 1940er-Jahren eine kleine Bäckerei (Spezialität: Käsekuchen) in Detroit. Mit der Geburt ihrer Kinder gab sie ihre Bäckerei auf, belieferte aber weiter gute Restaurants in der Stadt. 1972 zog sie nach Los Angeles und eröffnete hier mit ihren gesamten Ersparnissen ein Restaurant, das sie „Cheesecake Factory" nannte. Nach drei Jahren mochte man ihren Kuchen auch im Westen der USA. 1978 übernahm Sohn David die Geschicke der Firma, ließ auch Menüs servieren, bei denen aber nie Cheesecake als Dessert fehlte und hatte den riesigen Erfolg, den man auch heute noch sehen kann. Auf der Karte stehen neben den namensgebenden Desserts viele leckere Salate, Burger, Sandwiches, Steaks und andere amerikanische Gerichte.

19 [B13] **Chili's** $$, 7021 International Drive, Tel. 407-3527618, www.chilis.com, geöffnet: Mo-Do, So 11-23, Fr/Sa bis 24 Uhr (es gibt im Stadtgebiet verschiedene Filialen), WLAN. Vorwiegend Tex-Mex Gerichte kommen im Restaurant mit der freundlichen roten Chili als Logo auf den Teller, sodass man die Wahl zwischen auf heißer Platte brutzelndem Fajita-Fleisch, Enchilladas, Steaks, Burgern oder Salaten und Sandwiches hat.

20 [B16] **Copper Canyon** $$, 9101 International Drive, Tel. 407-3633933, www.ccgrill.com.com, geöffnet: tgl. 11.30-22, Fr/Sa bis 23 Uhr. Typisch amerikanisches Grillrestaurant, das als Spezialität Grillhähnchen anbietet. Daneben gibt es aber auch Salate und Veggie-Burger sowie leckere Cocktails.

21 **Cork & Fork** $$-$$$, 5180 S Conway Rd. (nahe am Flughafen), Tel. 407-2506763, www.corkandforkorlando.com, geöffnet: So/Mo 11-21, Di-Sa 11-22 Uhr, Brunch So 11.30-14.30 Uhr. Dieses individuelle Restaurant richtet seine Karte nach dem Prinzip „from farm to table" („frisch auf den Tisch") aus. Es gibt stets farmfrische Produkte wie Salate, Gemüse und Fleischgerichte sowie leckeres Seafood.

22 **Denny's (1)** $-$$, 8243 S John Yound Pkwy, Tel. 407-2267277, www.dennys.com, geöffnet: 24 Stunden, WLAN. Hier fühlt man sich wie im Film: Ein typischer amerikanischer Diner, in dem rund um die Uhr Essen serviert wird. Das Angebot ist groß. Es gibt Burger, frische Salate (als *side salad* oder ganze Mahlzeit) und Frittiertes, aber auch Light-Produkte (z. B. kalorienreduziert, zuckerfrei o. Ä.) und unbegrenzt Kaffee sowie zu jeder Tages- und Nachtzeit auch das Frühstücksmenü. Kinderteller für die Kleinen und Beschäftigungsmaterial sind Standard. Wer nach dem Hauptgericht nicht satt ist, sollte unbedingt die leckeren Kuchen oder einen *Double Dip Sundae* mit *hot fudge* probieren.

23 [B17] **Everglades** $$$$, 9840 International Drive, Rosen Centre Hotel, Tel. 407-9962385, www.

evergladesrestaurant.com, geöffnet: tgl. 17.30–22 Uhr. Gediegenes Restaurant, in dem man neben Salaten und Steaks auch gute Fischgerichte bekommt.

24 [C10] **Hooters** $, 5300 S Kirkman Rd., Tel. 407-3545350, www.hooters.com, geöffnet: Mo–Do 11–24, Fr/Sa bis 1, So bis 23 Uhr. „Sex sells", der alte Slogan gilt hier besonders, wenn Chicken Wings, Burger und alles, was man als „amerikanische Küche" bezeichnen kann, von leicht bekleideten Serviererinnen an den Tisch gebracht werden. Doch keine Angst, es handelt sich um ein ganz normales Restaurant, in dem auch Kinder gern gesehen sind.

25 [A14] **Mango's Tropical Cafe** $$-$$$, 8126 International Drive, Tel. 407-6734422, www.mangos.com, geöffnet: tgl. 18–2 Uhr. Jeden Tag gibt es tolle (Tanz-)Shows mit z. T. karibischen Klängen, Cover-Versionen von Songs bekannter Künstler, viel guter Laune und bezaubernden Tänzern und Tänzerinnen. Wer Show und Dinner kombinieren möchte, zahlt inkl. 3-Gänge-Menu 59 $, alternativ kann man à la carte bestellen und dann die Show extra zahlen (10 bzw. 25 $, je nach Uhrzeit). Zudem kann man auch nur den Nightclub besuchen und zu angesagter Musik tanzen.

29 **Medieval Times Dinner and Tournament.** „Serviert" werden hier eine actionreiche Show und ein einfaches 4-Gänge-Menü (s. S. 44).

26 [B14] **Outback Steakhouse** $$, 8351 International Drive, Tel. 407-3515482, www.outback.com, geöffnet: tgl. 11–24 Uhr (mehrere weitere Filialen), WLAN. Das Erscheinungsbild ist australisch geprägt, das beginnt mit Bumerangs an den Wänden und endet mit den Namen der Gerichte, aber mit den Steaks trifft man voll den amerikanischen Geschmack. Zu jeder Bestellung gibt es jeweils ein Laib Brot mit Butter und dann zum Hauptgang einen Salat und Beilagen (sehr lecker sind die gebackenen Riesenkartoffeln). Fleischliebhaber wählen das superzarte Victoria's Filet oder – wer größeren Hunger hat – das Outback Special, das bis zu 12 ounces wiegt. Lecker!

27 **Planet Hollywood Observatory** $$-$$$, 1506 E Buena Vista Drive, Disney Springs, Lake Buena Vista, Tel. 407-8277827, www.planethollywoodintl.com, geöffnet: tgl. 11–24, Bar bis 1 Uhr.

Unter der Kuppel eines riesigen Observatoriums gelangt man, vorbei an allerlei Star-Wars-Figuren zum Restaurant. Hier gibt es typisch amerikanische Gerichte (Burger, Sandwiches, Salate etc.) in einem tollen Ambiente.

28 Rainforest Cafe $-$$$, Lake Buena Vista Drive (Disney World Marketplace), Tel. 407-8278500, Filiale: 505 N Rainforest Rd. (Disney World Animal Kingdom), Tel. 407-9389100, www.rainforestcafe.com, geöffnet: tgl. 11–22.30, Fr/Sa bis 22.30 Uhr. Die Karte mit Burgern, Salaten, Pasta und Sandwiches entspricht dem Standard anderer amerikanischer Restaurants, nur die Preise sind (deutlich) höher. Dafür erlebt man aber auch das Essen am Vulkan, Gewitter mit Regen, Gorillas und Dschungelfeeling, das vor allem Kindern gut gefällt. Es ist eher kein Ort für ein romantisches Dinner.

29 Shula's America's Steak House $$-$$$$, 1500 Epcot Resorts Blvd., Lake Buena Vista, Tel. 407-9341362, www.shulas.com, geöffnet, tgl. 17–23 Uhr. Der legendäre NFL-Coach Don Shula legte einen großen Teil seines Geldes in Steakhäusern in den USA an und diese bieten ihren Gästen hervorragende Fleischqualität im Ambiente eines altehrwürdigen Country Clubs mit Holzvertäfelung und gemütlichem Dekor. Hier findet jeder etwas zu essen, der gerne Fleisch mag, und das auch schon zum Frühstück. Wer möchte, kann sich am gigantischen 48 ounces wiegenden Steak versuchen.

Mediterran/italienisch

30 [E17] **Cala Bella** $$$-$$$$, 9939 Universal Blvd., Tel. 407-9963663, www.calabellarestaurant.com, geöffnet: tgl. 17.30–22 Uhr. Im italienischen Ambiente bekommt man die Köstlichkeiten der Toskana auf den Tisch. Auch für Vegetarier geeignet.

31 [B17] **Ciao Italia Ristorante** $$-$$$, 6149 Westwood Blvd., Tel. 407-3450770, www.ciaoitaliaonline.com, geöffnet: tgl. 17–22.30 Uhr. Große Auswahl an Vorspeisen und Pasta sowie gut sortierte Fleischkarte.

32 [B14] **Sofra** $$, 8371 International Drive, Tel. 407-9308645, www.sofra mediterraneangrill.com, geöffnet: tgl. 11–24, Fr/Sa bis 1 Uhr. Mediterrane Küche aus organisch angebauten Zutaten mit viel nahöstlichem Einfluss.

33 [B14] **Vincenzo Cucina Italiana** $$-$$$, 8255 International Drive, Suite 112, Tel. 407-7454030, www.vincenzosorlando.com, geöffnet: tgl. 17–22.30 Uhr. Leckere italienische Spezialitäten mit frischen Zutaten von umliegenden Farmen.

Mexikanisch/karibisch/kubanisch

34 Bongos Cuban Café $$$, 1498 E Buena Vista Drive, Lake Buena Vista, Tel. 407-8280999, www.bongoscubancafe.com, geöffnet: tgl. 11–23 Uhr. Schön präsentierte Gerichte der kubanischen Küche. Das Restaurant mit abendlichem Entertainment gehört der kubanischen Sängerin Gloria Estefan und ihrem Mann.

35 [J8] **Champ's Deli** $, 132 E Central Blvd., Tel.407-6491230, geöffnet: Mo–Fr 6–14.30 Uhr. Hier bekommt man sehr schmackhafte (kubanische) Sandwiches, Suppen und Salate, Softdrinks, Säfte und Kuchen für den süßen Zahn.

36 Chevys Fresh Mex $$, 12547 SR535, Lake Buena Vista, Tel. 407-8271052, www.chevys.com, geöffnet: Mo–Do 11–23, Fr/Sa bis 24, So bis 22 Uhr. Leckereien aus der mexikanischen Küche und tolle Cocktails.

37 [B16] **Cuba Libre Restaurant** $$$-$$$$, 9101 International Drive, Tel. 407-2261600, www.cubalibrerestaurant.

Livemusik gehört in Mango's Tropical Cafe dazu

com, geöffnet: So–Do 17–22, Fr/Sa bis 2 Uhr. Gehobene kubanische Küche mit entsprechend angepassten Preisen.

38 Cuban Sandwiches To Go $, 1605 Lee Rd., Tel. 407-5788888, geöffnet: Mo–Sa 10–18 Uhr. Leckere, große Sandwiches, z. B. mit Schweinefleisch, Käse und Gewürzen. Achtung: Nur Barzahlung!

39 Los Authenticos Cuban Cafe $, 7399 E Colonial Drive, Tel. 407-2822322, www.cubancafeonline.com, geöffnet: Mo, Mi–Sa 8–18 Uhr, So 10–17 Uhr. Man sollte die Plantain Chips als Beilage zum Sandwich Pan con Bistek probieren!

Cafés und Imbisse

Wer einen Kaffee oder Tee trinken möchte, ist oft auf die bekannten Ketten angewiesen. Es gibt aber auch einige wirklich lohnenswerte Cafés, die nicht zu Ketten gehören. Hier gibt es häufig nicht nur Kaffee, Tee und Kuchen, sondern komplette amerikanische Gerichte.

40 [J7] **Ace Café Orlando** $$-$$$, 100 W Livingston St., Tel. 407-9966686, www.acecafeusa.com, geöffnet: Mo–Mi 11–21, Do bis 22, Fr/Sa bis 23, So 10–21 Uhr (Brunch bis 14 Uhr). Hier treffen sich Menschen mit Interesse an schnellen Autos, Motorrädern, tollem

EXTRATIPPS

Lecker vegetarisch

Oft scheint es ein wenig schwieriger zu sein, vegetarisch zu essen, doch selbst in reinen Steakhäusern bekommt man ohne Fleisch zubereitete Salate (manchmal nur auf Nachfrage und immer große *baked potatoes* (gebackene Kartoffeln in Alufolie mit saurer Sahne und Kräutern garniert). Und dann gibt es natürlich auch in Orlando Restaurants, die sich vollkommen der vegetarischen Küche verschrieben haben und auch rein vegane Restaurants.

44 [K6] **Dandelion Communitea Café** $-$$, Tel. 407-362-1864, www.dandelioncommunitea.com, geöffnet: Mo–Sa 11–22, So bis 17 Uhr. Mit dem üppigen Bewuchs wirkt das kleine Restaurant ausgesprochen idyllisch. Auf der Karte stehen ausschließlich vegetarische Produkte aus organischem Anbau.

45 [M2] **Ethos Vegan Kitchen** $$, 601 S New York Ave., Winter Park, Tel. 407-2283898, www.ethosvegankitchen.com, geöffnet: Mo–Fr 11–23, Sa/So 9–23 Uhr. Leckere Gerichte aus der rein veganen Küche.

46 [A14] **Hot Krust Panini Kitchen** $$, 8015 Turkey Lake Rd., Tel. 407-3557768, www.hotkrust.com, geöffnet: Mo–Fr 9.30–20, Sa 10.30–20, So 11–18 Uhr. Frische Salate und köstliche Panini-Sandwiches für Vegetarier und Fleischliebhaber.

47 Sanaa $$$-$$$$, 3701 Osceola Pkwy, Animal Kingdom Resort, Tel. 407-9393463, www.disneyworld.disney.go.com/en_GB/dining/animal-kingdom-villas-kidani/sanaa, geöffnet: tgl. 7–21 Uhr. Das Restaurant gehört zu Disneys Animal Kingdom und serviert afrikanisch-indische Küche, in der es neben verschiedenen Fleischgerichten auch viele Gerichte für Vegetarier gibt.

48 [C12] **Sweet Tomatoes** $$, S Kirkman Rd., Tel. 407-3631616, www.souplantation.com, geöffnet: tgl. 10–21, Fr/Sa bis 22 Uhr. Auf der Karte stehen frische Salate, Suppen und Pasta, vegetarisch oder vegan zubereitet.

Dinner for one

Allein essen zu gehen, ist in Orlando überhaupt kein Problem. Im klassischen Diner findet man (wenn man möchte) meist auch einen Platz am Tresen, wo man mit anderen Gästen oder auch der Bedienung

Essen und sehr gutem Kaffee. Es gibt auch Kuchen (z. B. hervorragenden Key Lime Pie) und Live-Entertainment. Auf dem großen Parkplatz vor dem Gebäude stehen stets historische und aktuelle Autos, Biker treffen sich hier ebenso wie Vespa-Fans und im Gebäude selbst gibt es Bilder und Ausstellungsstücke rund um das Thema „Motorfahrzeuge".

41 [L2] **Austin's Coffee** $, 929 W Fairbanks Ave., Winter Park, Tel. 407-9753364, www.austinscoffee.com, geöffnet: tgl. 24 Stunden. Hier kommen nur Kaffeesorten aus organischem Anbau in die Tasse, dazu gibt es diverse Tees, Wein, Bier und allerlei Leckereien.

42 [L6] **Black Bean Deli Mills 50** $-$$, 1835 E Colonial Drive, Tel. 407-2030922, www.blackbeandeli.com, geöffnet: Mo-Do 7-19, Fr/Sa bis 22, So 9-16 Uhr. Leckere kubanische Kaffees, Sandwiches und andere Spezialitäten.

43 **Le Cafe de Paris** $-$$, 5170 Dr Phillips Blvd., Tel. 407-2932326, www.shopcafedeparis.com, geöffnet: Mo-Fr 8-20, Sa 9-20, So 10-15 Uhr. Die französischen Wurzeln des Besitzers kommen nicht nur im Namen des Cafés zum Ausdruck, auch die Gerichte auf der Karte klingen und schmecken nach Frankreich.

ins Gespräch kommen kann (aber nicht muss).

49 [C12] **Denny's (2)** $$, 5825 International Dr., Tel. 407-3511581, www.dennys.com, geöffnet: 24 Stunden. Klassischer amerikanischer Diner mit entsprechender Küche, Kaffee und auch Frühstück rund um die Uhr.

50 [J8] **Hamburger Mary's** $$, 110 W Church St., Church Street Station, Tel. 321-3190600, www.hamburgermarys.com, geöffnet: tgl. 11-22.30, Fr/Sa bis 23.30. Burger aller Art, Salate, Sandwiches, Bier und Cocktails in LGBT-freundlicher Atmosphäre.

51 [B15] **Señor Frog's** $$, 8747 International Dr., Tel. 407-3512525, www.senorfrogs.com, geöffnet: tgl. 12-2 Uhr. Leckere mexikanische Gerichte in ausgelassener Partystimmung. Da bekommt man schnell Kontakt zu anderen Gästen.

Für den späten Hunger

Vor allem Diner haben oft rund um die Uhr geöffnet, Fast-Food-Filialen haben in der Regel ebenfalls lange Öffnungszeiten und verschiedene 7-Eleven-Geschäft bieten ebenfalls Schnellgerichte an.

52 [B15] **Brick House Tavern & Tap** $$$, 8440 International Drive, Tel. 407-3550321, www.brickhousetavernandtap.com, geöffnet: Mo-Do 11-1, Fr, Sa bis 2, So bis 24 Uhr. Typisch amerikanische Gerichte, zum Teil scharf gewürzt und sehr gehaltvoll. Besonders lecker sind das Bison Brick (Bisonfleisch mit Käse, karamellisierten Zwiebeln und ofengerösteten Tomaten, der Filet-Mignon-Salat und zu guter Letzt ein Apple Crumble mit Apfelstücken, Soße und Vanilleeis.

Lokale mit guter Aussicht

53 **Paddlefish** $$$-$$$$, 1670 E Buena Vista Dr., Disney Springs, Tel. 407-9342628, www.disneysprings.com, geöffnet: tgl. 11-23 Uhr. Auf dem alten Schaufelraddampfer im See von Disney Springs bietet die Küche vor allem Seafood und Fischgerichte an.

54 **World of Beer** $$, 431 E Central Blvd., Tel. 407-2705541, www.worldofbeer.com, geöffnet: tgl. 11-1, Do-Sa bis 2 Uhr. Leckere amerikanische Gerichte und allerlei Biersorten bei tollem Blick über den Lake Eola.

Orlando am Abend

Eine Stadt, die zumindest auf den ersten Eindruck ihre Existenzgrundlage im Spaßtourismus hat, bietet natürlich auch ein aktives und attraktives Nachtleben. In Orlando ist dies zudem nicht nur auf das „junge" Publikum ausgelegt, das möglicherweise ausgelassen tanzen möchte, sondern es gibt auch breit gefächerte Möglichkeiten für Familien, Junggebliebene und auch Menschen, die mit dem Begriff Nachtleben vielleicht eher den Genuss eines guten Weins oder einer guten Zigarre verbinden.

Orlandos Nightlife spielt sich in den unterschiedlichsten Gegenden ab. Soll es eher das **familienbewusste Nachtprogramm** sein, dann findet man zahlreiche Kinos und Bars, die auch für unter 21-Jährige geöffnet haben z. B. im Bereich von Disney Springs (s. S. 70) oder des Universal CityWalk (s. S. 24). Auch verschiedene Dinnershows bieten ein abendfüllendes Programm für die ganze Familie.

Selbstverständlich ist der Bereich um den **International Drive** (s. S. 20, auch „I-Drive" genannt) ein Zentrum des Nightlife, wenngleich es hierher vor allem Touristen zieht, Menschen aus Orlando und der Umgebung gehen vor allem in **Downtown** aus, z. B. im Bereich der Church Street 21, der Orange Avenue [J7/8], der Wall Street Plaza [J7] und am Lake Eola 22/Thornton-Park-Viertel. In **Winter Park** (s. S. 37) geht es beim Nachtleben eher um gemütliche Abende in Weinbars, wenngleich es auch hier Bierkneipen gibt.

Wenn man ausgeht, gilt es, sich an ein paar Regeln zu halten. Während die meisten Betriebe in Disney Springs auf Familien ausgelegt sind, gilt in vielen Bars ab etwa 20 Uhr eine strikte **„21+"-Regel.** Kinder und Jugendliche unter 21 Jahren dürfen den Bereich dann nicht betreten, auch nicht in Begleitung Erziehungsberechtigter. Da nutzen auch Diskussionen nichts, denn das gesetzlich vorgeschriebene Alter zum Genuss von alkoholischen Getränken liegt in den USA bei 21 Jahren. Und weil abends eben dann mehr Alkohol getrunken wird, dürfen Jüngere erst gar nicht hinein. Das Alkoholverbot wird zudem auch streng kontrolliert. Bei Verstößen kann man sich freuen, wenn die Bedienung/Geschäftsführung die Gäste nur aus dem Lokal verweist, denn es gibt auch die Option, direkt die Polizei zu rufen. Entsprechende Bestrafungen (bis hin zu 60 Tagen Haft und 500 $ Strafe) für das sogenannte *underaged drinking* folgen.

Auch bezüglich der Kleidung sollte man sich Gedanken machen. Während man in den normalen Bierloka-

Smoker's Guide

In den USA gilt das **Rauchverbot** als oberstes Prinzip. Tabakwaren aller Art sind vergleichsweise teuer und dürfen nur „open air" konsumiert werden. **Hotels, Restaurants und Bars** müssen 100 % rauchfrei sein. Ausnahmen gibt es nur für Bars, die weniger als 10 % ihres Umsatzes mit Speisen erzielen und weit abseits liegen. Möchte man rauchen, bleibt einem meist nur der Gehweg.

Auch die **Freizeitparks** sind weitgehend rauchfrei, ein paar spezielle Areale für Raucher sind aber vorhanden. In **Mietwagen** darf ebenfalls nicht geraucht werden, sonst fallen extrem hohe Reinigungsgebühren an.

len praktisch alles tragen kann, wird in den Weinbistros schon eher *smart casual* (gehobene Freizeitkleidung) bevorzugt und die Klubs erwarten dann *dress to impress* (kleide dich, um zu beeindrucken), d.h. Hemd (eventuell Polo-Hemd), Designerjeans und geputzte Schnürschuhe für den Herrn, während bei Damen hippe Kleidung mit High Heels Pflicht ist.

Bars, Lounges, Pubs

› **Brick House Tavern & Tap** (s. S. 65). Man kann lokale Biere probieren und bekommt schnell Kontakt zu anderen Menschen. Zudem kann man hier auch gut essen.

56 **Coca-Cola Store Rooftop Beverage Bar,** 1512 E Buena Vista Dr., Tel. 407-5600107, www.cokestore.com/stores/orlando, geöffnet: tgl. 10–23 Uhr. Der ultimative Laden für Coke-Begeisterte. Im Erdgeschoss gibt es alles zu kaufen, was das Herz des Fans höherschlagen lässt und im Obergeschoss kann man Cola trinken, bei netter Musik entspannen und über Teile von Disney Springs blicken.

› **Corona Cigar Company** (s. S. 36)

57 [A16] **Icebar,** 8967 International Dr., Tel. 407-4267555, www.icebarorlando.com, geöffnet: So–Mi 17–24 Uhr, Do bis 1, Fr/Sa bis 2 Uhr. Der Name ist Programm: Man bekommt in der auf Minustemperaturen heruntergekühlten Bar zwar Handschuhe und Jacke, aber geschlossene Schuhe muss jeder selbst mitbringen. Bei angesagter Musik geht es hier dann ganz besonders cool zu.

› **Mango's Tropical Cafe** (s. S. 62)

58 [B15] **Tin Roof Bar,** 8371 International Dr., Tel. 407-2707926, www.tinroofbar.com, geöffnet: tgl. 11–2 Uhr. Wer jetzt an eine Rooftop Bar denkt, liegt leider falsch. Der Name bezieht sich darauf, dass das Dach aus einem Metallblech, vermutlich Zinn, ist. Nahe dem ICON Orlando 360 gelangt man in die Bar, in der es neben klassischen Gerichten der amerikanischen Küche vor allem gute Biere, Cocktails und Weine gibt. Wer abends kommt, kann Livemusik auf der kleinen Bühne erleben, an Quizveranstaltungen teilnehmen (z. B. Gresy Anatomie Trivia) oder einfach nur das Treiben genießen.

59 [J8] **Uncorked at Ember,** 42 W Central Blvd., Tel. 407-8495200, www.emberorlando.com, Mi 17–21 Uhr. Für 20 $/Person kann man mittwochs am Weinfest teilnehmen, Hors d'œuvres verzehren und aus dem entkorkten Weinsortiment probieren, so viel man mag.

Livemusik, Discos

60 **Cowboys,** 1108 S Orange Blossom Trail, Tel. 407-4227115, www.cowboysorlando.com, geöffnet: Mo–Sa 20–2 Uhr, Eintritt: Sa $ 11 (Damen) bzw. $ 16 (Herren). Cocktails, Country Music und Line Dance – das Western-Erlebnis, auch für Besucher zwischen 18 und 21 Jahren.

61 [B16] **Cuba Libre Rum Bar,** 9101 International Drive, Tel. 407-2261600, www.cubalibrerestaurant.com, geöffnet: tgl. 17–22 (Dinner), Fr/Sa bis 2.30 Uhr (Party), Eintritt: bis 23 Uhr gratis, danach zwischen $ 5 und $ 12 (Damen) bzw. $ 7 und $ 12 (Herren) je nach Veranstaltung. Ab 22 Uhr werden am Wochenende die Tische beiseite geräumt und es beginnt eine tolle Party mit lateinamerikanischen Rhythmen.

62 [J8] **Eve,** 110 S Orlando Ave., Tel. 407-6027462, www.eveorlando.com, geöffnet: Do–Sa 22–2.30, So 22–24 Uhr. Ein riesiger Kronleuchter hängt über dem Dancefloor, auf dem das Partyvolk abtanzt.

63 [N6] **GILT,** 740 Bennett Rd., Tel. 407-5047699, www.giltnightclub.com, geöffnet: Di–Sa 22–3 Uhr, Eintritt: $ 10. Schicke, große Disco mit angesagter Musik. Ein wenig „Miami-Gefühl", d. h. selbst die Security ist stylisch im schwarzen Anzug gekleidet, bei den weiblichen Gästen können die Absätze nicht hoch genug sein und auch die Männer zeigen sich hip gekleidet.

64 [A15] **Howl at the moon,** 8815 International Dr., Tel. 407-3545999, www.howlatthemoon.com/orlando, geöffnet: Sa–Do 19–2, Fr ab 18 Uhr. Wer mag, kann hier bei riesigen Cocktails (mit 86 oz oder gut 2,5 Litern für mehrere Personen gedacht und sehr süß) ausgelassen feiern, Livemusik hören und zu angesagten Klängen oder altbekannten Rocksongs abtanzen.

65 [J7] **Independent Bar,** 70 S Orange Ave., Tel. 407-8390457, www.independentbar.net, geöffnet: Di–Do und So 21–2.30, Fr/Sa 22–2.30 Uhr. Hier gibt es Musik der 1980er-Jahre, Top-40-Hits und House Partys.

66 [J8] **The Attic,** 68 E Pine St., Tel. 407-4031161, Facebook: theatticorlando, geöffnet: Di–Sa 22–2 Uhr. Außer einer Bar und einem VIP-Bereich gibt es eine riesige Tanzfläche.

67 [J7] **The Beacham,** 46 N Orange Ave., Tel. 407-6488363, www.thebeacham.com, geöffnet: tgl. ab 20 Uhr, Eintritt: ab etwa $ 20. Außer Auftritten von Livebands legen hier auch angesagte DJs auf, darunter 50 Cent, Flo-Rida und David Guetta.

68 [J8] **Tier Nightclub,** 20 East Central Blvd., Tel. 407-2229732, www.tiernightclub.com, geöffnet: Di–So 22–2.30 Uhr. Im Zentrum des Klubs legt ein DJ live angesagte Musik auf.

› **Tin Roof Bar** (s. S. 67)

69 [J8] **Vyce Lounge,** 122 S Orange Ave., Tel. 407-6490000, www.vycelounge.com, tgl. 21–2 Uhr, Eintritt: Sa $ 10 (Damen) bzw. $ 15 (Herren). Im kleinsten Klub Orlandos ist man hinter dem Eingang praktisch sofort auf der Tanzfläche. Bekannt ist hier der DJ Magic Mike, der samstags ab 22 Uhr auflegt.

Theater, Konzerte, Dinnershows

› **Capone's Dinner and Show** (s. S. 61)

› **Mango's Tropical Cafe** (s. S. 62). Tolle Tanz- und Musikshows bei gutem Abendessen. Später kann man im Klub ausgelassen tanzen.

29 **Medieval Times Dinner and Tournament.** Wer früh genug anreist, kann zunächst eine Tour durch mittelalterliche Kulissen unternehmen. In der Schmiede wird diese alte Kunst gezeigt, in anderen Gebäuden kann man andere (oft längst vergessene) Handwerkstechniken bestaunen und im „Kerker" auch die diversen Foltermethoden früherer Zeiten begutachten. Bei der eigentlichen Show handelt es sich dann um eine gekonnte Reitershow im Stil mittelalterlicher Turniere – natürlich geht es um die Gunst einer Prinzessin – und jedem Gast wird (entsprechend seines Platzes an der Arena) ein „edler Ritter" zugeordnet, den man lautstark anfeuert, mit dessen Schicksal man mitfiebert und dem man in grandiosem Taumel applaudiert (s. S. 44).

70 [M7] **Orlando Philharmonic Orchestra,** 425 N Bumby Ave., Tel. 407-7700071 (Ticketbestellung Mo–Fr 10–16 Uhr), www.orlandophil.org. Liebhaber klassischer Musik werden hier ihre Freude haben.

› In der Lakeridge Winery (s. S. 58) kann man Weine auch verkosten

71 [K4] **Orlando Shakespeare Theater,** 812 E Rollins St., Tel. 407-4471700, www.orlandoshakes.org. Das 1989 gegründete Theater steht vor allem im Zeichen des Namensgebers. Daneben kommen zahlreiche Theaterstücke weiterer bekannter und unbekannterer Autoren zur Aufführung. Die aktuellen Stücke erfährt man auf der Website.

› **The Outta Control Magic Dinner Show,** Wonderworks 10, Shows tgl. um 18 und 20 Uhr. Unbegrenzt frisch gebackene Pizza, Salat, Bier, Wein, Softdrinks und Dessert erwarten den Gast, der oft kaum kauen kann, weil der Magier ein Feuerwerk der Zauberei abbrennt.

Weinbars

72 [K8] **Lake Eola Wine Company,** 430 E Central Blvd., Tel. 407-4819100, www.eolawinecompany.com, geöffnet: Mo-Do 15-24, Fr bis 2, Sa 11.30-2, So 11.30-24 Uhr. Von der Terrasse hat man einen herrlichen Blick über den Lake Eola Park 22 und genießt dabei einen der über 50 offenen Weine aus kleinen Kellereien der Region und ganz Amerika. Wer mag, bekommt Bagel, Quiche und Wraps dazu.

73 **Vines Grille & Wine Bar,** 7533 Sand Lake Rd., Tel. 407-3511227, www.vinesgrille.com, geöffnet: Mo-Mi 16-0.30 Uhr, Do bis 1 Uhr, Fr/Sa bis 2 Uhr, So bis 23.30 Uhr. Der Fokus der großen Weinkarte liegt auf außergewöhnlichen Tropfen kleiner Kellereien, aber es gibt auch namhafte Weine aus aller Welt. Dazu gibt es Livejazz und ausgezeichnete Steaks oder Seafood.

74 **Wine Bar George,** 1610 E Buena Vista Dr., Lake Buena Vista, Tel. 407-4901800, www.winebargeorge.com, geöffnet: So-Mi 11-24, Do-Sa bis 2 Uhr, WLAN. Der Meister-Sommelier George Miliotes hat im Mai 2018 seine Wine Bar in Disney Springs eröffnet. Neben erlesenen Weinen gibt es Cocktails und andere Getränke sowie sehr schmackhafte Gerichte. Empfehlenswert ist „The Basket" (für 2 oder 4 Personen), eine Art Picknickkorb mit vielen Leckereien und einer Flasche Wein.

Orlando für Shoppingfans

Das Wort „Shopping" ist (logisch) Englisch und bedeutet eigentlich nicht mehr als „Einkaufen gehen", z. B. für den täglichen Bedarf. In den USA wird Shopping aber regelrecht kultiviert. Man trifft dabei Freunde und Bekannte, denn außer den Geschäften gehören auch Coffeeshops und Foodcourts zu jedem Einkaufszentrum, die in den USA Malls heißen.

Und das Geld für die Einkäufe? Kein Problem, denn erstens bezahlt man nahezu überall **bargeldlos** – erfährt also das eigentliche Ausmaß des eigenen Shoppingrauschs erst sehr viel später – und zweitens ist alles „supergünstig", im Sale oder über Coupons (s. S. 105) rabattiert. So lassen sich schnell tatsächlich 50 bis 70 % des Originalpreises sparen – da bleibt noch Geld für weitere Einkäufe!

Wer nicht auf bestimmte Markenkleidung versessen ist (dafür begibt man sich am besten in die **Malls**), eventuell nur Souvenirs kaufen möchte und dabei auch vor einigem Ramsch – dafür aber oft ausgesprochen ausgefallen – nicht zurückschreckt, kann sich in den diversen Läden entlang des **International Drive** (s. S. 20) umschauen und stöbern. Zum Teil nennen sie sich Visitor Center, manchmal Dollar Shop, manchmal T-Shirt-Company. Hier gibt es witzige T-Shirts, skurrile Trinkgefäße, bedruckte Einkaufstaschen, Sonnenbrillen und was immer der Tourist sonst noch so benötigen mag. Und wenn dann Hunger und Durst plagen, gibt es überall die Möglichkeit, zwischendurch einen Kaffee oder Softdrink zu genießen oder sich in einem der Fast-Food-Läden an der Straße zu stärken.

Shoppingmalls und Shoppingareale

In der Mall findet man so ziemlich alles, was das Herz begehrt. Eine Ausnahme bilden oft nur Lebensmittel und Alkohol. Man bekommt Damen- und Herrenmode aller möglichen Designer und Label, Schuhe, Schmuck, Kosmetik, Elektronik/Telekommunikationgeräte, Nahrungsergänzungsmittel, Bücher, Zeitschriften und oft auch CDs sowie allerlei Schnickschnack.

75 Celebration Town Center, 610 Sycamore St., Celebration, Tel. 407-5664007, www.celebrationtowncenter.com, geöffnet: Mo–Do 10–21, Sa einige Geschäfte bis 22, So 12–18 Uhr. Das romantische Ambiente im Stil einer Kleinstadt mit Ziegelsteinpflasterstraßen lädt zum Flanieren ein und lässt das Einkaufen fast zur Nebensache werden. Wer doch den Geldbeutel zucken möchte, kann z. B.nette Souvenirs und Schickes von weniger bekannten Marken (wie z. B. Soft as a Grape) erwerben.

76 Disney Springs, 1486 Buena Vista Drive, Lake Buena Vista, Tel. 407-939-6244, www.disneysprings.com, geöffnet: tgl. von 10–22 Uhr. Ist dies noch ein Shoppingareal oder Disney World? Die Antwort lautet: Es ist beides! Hier findet man alles zu den Themen „Disney" und „Lego", genauso wie etliche der bekannten und angesagten Designershops, aber auch den ganzjährig geöffneten Disney's Days of Christmas Shop, in dem man unter der glühend heißen Sonne Floridas Anhänger für den Weihnachtsbaum kaufen oder sich mit Santa Claus

Open-Air-Shoppingmall im Bereich vom Disney Springs

(hier in Shorts) ablichten lassen kann. In den zahlreichen gastronomischen Bereichen (Planet Hollywood, Rainforest Cafe, Coca Cola Store) kann man Souvenirs der genannten Marken kaufen.

77 [N6] **Orlando Fashion Square,** 3201 E Colonial Drive, Tel. 407-8961132, www.orlandofashionsquare.com, geöffnet Mo-Sa 10-21 Uhr, So 11-18 Uhr. Eine der älteren Malls Orlandos, die ein wenig in der Gunst der Kunden verloren hat. Derzeit bietet sie die klassischen Filialgeschäfte, die man auch in anderen Malls finden kann, dafür gibt es aber etwas weniger Publikum, d. h. man kann mit mehr Ruhe einkaufen.

› **Park Avenue Merchants,** zwischen W Lyman Ave. [M2]/W Canton Ave. [M1]/N Park Ave. Innerhalb der genannten Straßenzüge liegt das Geschäftszentrum mit vielen kleineren oder großen (bekannten) Läden. Gesäumt vom Central Park ergibt sich hier ein ganz besonderes Shoppingerlebnis.

78 [B16] **Pointe Orlando,** 9101 International Drive, Tel. 407-2482838, www.pointeorlando.com, geöffnet: Oktober-Mai So-Do 10-20, Fr/Sa bis 22, Juni-September So-Do 12-20, Fr/Sa bis 21 Uhr, Bars und Restaurants auch länger, I-RIDE Trolley, Haltepunkt 18. Diese Mall mit hochwertigen Marken befindet sich im Herzen des International Drive und bietet Besuchern neben dem Shoppingerlebnis auch diverse Bars, Restaurants, Eiscafés und Kinos.

79 The Florida Mall, 8001 S Orange Blossom Trail, Tel. 407-8516255, www.simon.com/mall/the-florida-mall, geöffnet: Mo-Fr 10-21, Sa bis 22, So 12-20 Uhr. Was immer des Shoppers Herz begehrt, in den etwa 250 Geschäften wird man garantiert fündig. Hier gibt es alle bekannten Marken von A (wie Apple) bis Z (wie Zara). Auch der angesagte Ron Jon Surf Shop hat hier eine Niederlassung.

80 [E10] **The Mall at Millenia,** 4200 Conroy Rd., Tel. 407-3633555, www.mallatmillenia.com, geöffnet: Mo-Sa 10-21, So 11-19 Uhr. Hier findet man in 150 Boutiquen vor allem Waren aus dem hochwertigen bzw. Luxussortiment. Wer nichts kaufen möchte, kann sich an der Architektur mit viel Glas und Metall, den großzügigen Plätzen, auf die durch das Panoramadach das Sonnenlicht scheint, und den Wasserspielen erfreuen.

81 [L1] **Winter Park Village,** 510 N Orlando Ave., Winter Park, Tel. 407-5712700, www.shopwinterparkvillage.net, geöffnet: Mo-Sa 10-21, So 12-18 Uhr. Im Ambiente einer Dorfstraße gibt es zahlreiche Geschäfte für hochwertige Mode, Alltägliches, aber auch zahlreiche Restaurants und Veranstaltungsorte für diverse Events.

036or-ho

Outlets

Outlets sind die ultimative Krönung eines Shoppingtrips, denn hier gibt es alles und dann auch noch erheblich günstiger. Überproduktionen, z. T. Zweite-Wahl-Artikel oder direkt für das Outlet produzierte Ware – wer als internationale Modekette etwas auf sich hält, verkauft seine Waren hier. Zu den **Schnäppchenpreisen** gesellen sich **Rabattaktionen,** sodass man in einer solchen Mall schnell den ganzen Tag verbringen und sehr rasch das zollfreie Limit erreichen kann. So kommt es schon mal vor, dass potenzielle Hardcore-Shopper nur mit Handgepäck in die USA reisen, um sich dann in einem der Outlets komplett neu einzukleiden. Und wie transportiert man die neue Garderobe dann zurück? Ganz einfach: Im neuen Koffer, denn auch die international bekannten Reisegepäckmarken haben in den Malls ihre Niederlassungen.

83 Lake Buena Vista Factory Stores, 15657 S Apopka Vineland Rd., Tel. 954-8462300, www.lbvfs.com, geöffnet: Mo–Sa 10–21, So bis 19 Uhr. Diese Outlet Mall befindet sich im Süden Orlandos, nahe der Walt Disney World. In mehr als 50 Geschäften der international bekannten Designer kauft man zu günstigsten Preisen. Bereits über die Website kann man einen Gutschein ausdrucken, mit dem man vor Ort das Coupon Booklet erhält, um noch mehr zu sparen.

84 [C12] **Outlet Marketplace,** 5269 International Drive, Tel. 407-3529600, www premiumoutlets.com/outlet/orlando-outlet-marketplace.com, geöffnet: Mo–So 10–21 Uhr, I-RIDE Trolley, Haltepunkt 2. Die kleine Outlet Mall mit ihren nur 40 Geschäften ist vor allem dann interessant, wenn man nur nach den hier vertretenen Marken (Hilfiger, Nike, Calvin Klein etc.) sucht, da man praktisch vor jedem Laden parken kann und nicht endlos lange durch die Mall laufen muss, um einen bestimmten Store zu erreichen.

85 [D11] **Premium Outlets International Drive,** 4951 International Drive, Tel. 407-3529611, www.premiumoutlets.com/outlet/orlando-international, geöffnet: Mo–So 10–23 Uhr. Bus: I-RIDE Trolley, Haltepunkt 1. Etwa 180 Geschäfte aller bekannten Marken reihen sich in der Mall aneinander. Laut Werbung kann man stets zwischen 25 und 65 % sparen, manchmal noch deutlich mehr. Richtig günstig wird es mit den Coupon Booklets, die man über Gutscheine online (Website des Outlets) oder in Werbebroschüren bekommen kann. Wer mag, kann seinen Hunger oder den Durst nach

EXTRATIPP

Auf dem Markt

In der Nähe des Audubon Park hat sich der kleine East End Market etabliert, auf dem man frische Produkte, aber auch Kunsthandwerk und regionale Haushaltswaren kaufen kann. Zudem kann man bei Events die Zubereitung von Gerichten verfolgen und erlernen und sie später auch verkosten.

82 [M5] **East End Market,** 3201 Corrine Drive, Tel. 321-2363316, www.eastendmkt.com, geöffnet: Markt Mo–Do 7–19, Fr/Sa bis 21, So 8–18 Uhr; Restaurants/Demo-Küchen Mo–Fr 17.30–22, Sa/So 11–14.30 und 17.30–22 Uhr

Shoppingareale

Die wichtigsten Shoppingbereiche der Stadt sind im Kartenmaterial mit einer rötlichen Fläche markiert.

stundenlangem Shopping in verschiedenen Restaurants stillen.

86 **Premium Outlets Vineland Avenue,** 8200 Vineland Ave., Tel. 407-2387787, www.premiumoutlets.com/outlet/orlando-vineland, geöffnet Mo–So 10–23 Uhr, I-RIDE Trolley, Haltepunkt 38. Beim Outlet an der Vineland Ave. gibt es „nur" etwa 160 Geschäfte, aber auch hier kann man bei Sales und mit Coupons sehr gut sparen und viele tolle Waren erwerben.

Supermärkte, Marts

Sie sind meist riesig und bieten fast alles, was man aus Verbrauchermärkten kennt. So kann man hier neben Lebensmitteln auch Bekleidung, Schuhe, Arbeitsbekleidung, technische und elektronische Geräte, Schreibwaren, Bücher, Zeitschriften, CDs und DVDs bekommen. Bei fast allen größeren Märkten gibt es zudem einen **Apothekenbereich,** in dem im Regal freiverkäufliche Medikamente angeboten werden und zudem ein Apotheker für rezeptpflichtige Arzneimittel zur Verfügung steht. Achtung: Nicht alles, was zu Hause ohne Rezept zu bekommen ist, ist auch hier zu erhalten und umgekehrt.

Einige dieser Märkte haben zusätzlich noch eine kleinere Ladenzeile angeschlossen, z. T. mit sogenannten *liquor stores,* in denen man alkoholische Getränke bekommt.

87 **Publix Super Market,** 4606 S Kirkman Rd., Tel. 407-2937673, geöffnet: tgl. 7–23 Uhr, www.publix.com. Mehr als 20 Filialen.

88 **Walmart Supercenter,** 11250 E Colonial Dr., Tel. 407-2818941, geöffnet: 24 Stunden, www.walmart.com. Zusammen mit den kleineren Neighborhood-Market-Geschäften gibt es etwa 25 weitere Filialen im Stadtgebiet.

Ein deutlich eingeschränktes Angebot besitzen die Geschäfte der Kette **Seven Eleven,** die allerdings mehr als 20 Filialen im Großraum Orlando unterhält.

89 [D11] **7-Eleven,** 4999 W Oak Ridge Rd., Tel. 407-3635786, geöffnet: 24 Stunden, www.7-eleven.com

Department Stores

Kaufhäuser gibt es **fast in jeder Mall,** in der Regel strategisch an den jeweiligen Endpunkten der Gebäude gelegen. Gelegentlich sind sie aber auch als Einzelgeschäft außerhalb der Malls zu finden. Sie bieten ein breites Angebot verschiedener Marken aus den Bereichen Herren- und Damenkonfektion, Parfümerie, Schuhe, Taschen und Accessoires.

- **Sears,** The Florida Mall (s. S. 71), www.sears.com
- **J.C. Penney,** The Florida Mall, Orlando Fashion Square, www.jcpenney.com
- **Bloomingdale's,** The Mall at Millenia (s. S. 71), www.bloomingdales.com
- **Saks Fifth Avenue Off 5th,** Premium Outlets Vineland Avenue (s. links) und International Drive (s. S. 72). Dieses Kaufhaus ist die Outlet-Variante des luxuriösen Shoppingtempels Saks Fifth Avenue, deren Filialen man aus Miami, West Palm Beach oder Sarasota kennt.
- **Macy's,** The Florida Mall, The Mall at Millenia, www.macys.com

Bücher

90 **Barnes & Noble,** 7900 W Sand Lake Rd., Tel. 407-3450900, www.barnesandnoble.com, geöffnet: Mo–Sa 9–22, So 10–21 Uhr. Großer Medienkonzern, der eine breite Palette an Literatur anbietet, darunter auch viele Reisebücher.

91 Hudson Booksellers, 9277 Jeff Fuqua Blvd., Tel. 407-8254147, www.hudsonbooksellers.com, geöffnet: tgl. 8–21 Uhr. Hier bekommt man alle aktuellen Bücher, jeden Tag gibt es als Deal of the Day auch einen günstigen Titel.

92 [K6] **Spiral Circle Inc,** 750 N Thornton Ave., Tel. 407-8949854, www.spiralcircle.com, geöffnet: So–Di 11–17, Mi, Do, Sa 10–18, Fr 10–20 Uhr. Große Auswahl an esoterischer Literatur.

Mode und Sportausrüstung

Modische Bekleidung ist einerseits sehr individuell, andererseits aber auch dem Mainstream unterworfen. Aus diesem Grund wird wohl nahezu jeder bei den international bekannten Marken in den (Outlet-)Malls fündig. Die im Folgenden gelisteten Geschäfte sind aber sicherlich ebenfalls eines Blickes wert.

93 [C12] **Athletic Planet,** 5157 International Dr., Tel. 407-2488485, www.athleticplanetusa.com, geöffnet: Mo–Sa 10–23, So bis 22 Uhr, I-RIDE Trolley, Haltepunkt 2. Sportschuhe aller bekannten Marken und die dazugehörige Bekleidung.

94 Hot Topic, The Florida Mall, Tel. 407-2049609, www.hottopic.com, geöffnet: Mo–Sa 10–21 Uhr, So 12–20 Uhr. Hier bekommt vor allem die jugendliche Kundschaft Jeans, T-Shirts und andere Outfits sowie Accessoires, besonders aus dem Bereich der Pop-, Rock- und Gothic-Kultur. Am Ende des Sommers findet man hier auch vieles für sein Halloween-Outfit sowie skurrile Überraschungen.

95 [C12] **Special Tee Golf & Tennis,** 5400 International Dr., Tel. 407-3523673, www.specialteegolf.com, geöffnet: Mo–Sa 10–20, So 11–17 Uhr, I-RIDE Trolley, Haltepunkt 4. Hier findet man alles für Tennis- und Golfspieler.

96 Swimwear Outlet, 15563 SR 535, Tel. 407-2382625, www.esunwear.com, geöffnet: Mo–Sa 10–21, So bis 20 Uhr. Die ganze Welt der Badebekleidung für Damen, Herren und Kinder (auch in Übergrößen).

Am International Drive gibt es alle Arten von bunten Souvenirs und Krimskrams

Schuhe

Sollen es einmal nicht die Sneakers der bekannten Marken sein, lohnt ein Blick in die Outlets, denn hier findet man z. B. Outdoorschuhe von **Timberland** oder **Crocs**, Alltagsschuhe bei **G.H. Bass** oder Elegantes für Damen bei **Nine West.** Die etwas anderen Schuhe oder besser Stiefel bzw. Stiefeletten (Cowboystiefel) kann man in verschiedenen Spezialgeschäften für Boots bekommen.

97 [C12] **Boot Factory Outlet,** 5490 International Dr., Tel. 407-9030317, www.twofreeboots.com, geöffnet: Mo-Sa 9.30-21 Uhr, So 9-18 Uhr, I-RIDE Trolley, Haltepunkt 4. Hier wird mit tollen Preisen für gute Stiefel geworben, z. B. „buy 1, get 2 free" etc. Man sollte sich viel Zeit für die Anprobe nehmen und ruhig mehrfach durch den Laden gehen. Zudem muss man genau auf das verwendete Material achten: Nicht alle Lederarten, z. B. von Schlangen, Echsen, Alligatoren oder anderen Exoten, dürfen in die EU eingeführt werden.

Elektronik

98 Apple Store, The Florida Mall, Tel. 407-5631020, geöffnet: Mo-Fr 10-21, Sa bis 22, So 12-20 Uhr, www.apple.com. Alle neuen Geräte und das ganze übrige Sortiment. Aber Achtung! Der Zoll kennt die Preise. Filiale: The Mall at Millenia (s. S. 71), Tel. 407-3525551, geöffnet: Mo-Sa 10-21, So 11-19 Uhr.

99 [A14] **Camera Center Megastore,** 8000 International Drive, Tel. 407-2263357, geöffnet: tgl. 9-23 Uhr, I-RIDE Trolley, Haltepunkt 11. Kameras aller bekannten Marken, Objektive, das komplette übrige Zubehör sowie Mobiltelefone, Laptops, Tablets und Ferngläser und vieles mehr zu günstigen Preisen. (In Kissimmee befindet sich eine zweite Niederlassung: Camera Express, 7455 W Irlo Bronson (West 192), Tel. 407-7870277, Öffnungszeiten wie oben).

Flohmärkte

Es gibt mehrere sogenannte Flea Markets, die allerdings nicht nur an bestimmten Wochentagen provisorisch aufgebaut werden, sondern täglich in festen Hallen stattfinden. Neben Obst und Gemüse bekommt man vor allem T-Shirts und andere Bekleidung, Souvenirs aller Art, Disney-Memorabilien, Schmuck, Uhren, Sonnenbrillen, Spielwaren und natürlich ein breites kulinarisches Angebot.

100 192 Flea Market, 4301 W Vine Street, Kissimmee, Tel. 407-3964555, geöffnet. tgl. 9-18 Uhr

101 Main Gate Flea Market, 5407 W Irlo Bronson Highway, Kissimmee, Tel. 407-3901015, geöffnet. tgl. 10-20 Uhr

102 OBT Flea Market, 5022 S Orange Blossom Trail, Orlando, Tel. 407-6927271, geöffnet: Sa, So 8-17 Uhr

EXTRATIPP

Shop 'n' Stop

In den Malls gibt es immer einen sogenannten **Food Court,** in dem man aus einem reichhaltigen Angebot an Fast-Food-Läden auswählen kann. Zudem sind die einschlägigen Kaffeehausketten wie **Starbucks** ebenfalls in jeder Mall vertreten. Man sollte aber vermeiden, hier zu den klassischen Essenszeiten einzukehren, denn dann ist es wegen der Vielzahl der Besucher doch recht laut.

103 Krispy Kreme Doughnuts, 4080 Millenia Ave., Tel. 407-7307922, geöffnet: tgl. 6-23 Uhr, www.krispykreme.com. Nur wenige Minuten von der Mall at Mall Millenia (s. S. 71) entfernt, kann man hier leckere Kaffeevarianten und die herrlich süßen Doughnuts bekommen.

Orlando zum Träumen und Entspannen

Wirklich Ruhe zu finden, ist in der quirligen Touristenstadt Orlando nicht einfach. Im Bereich des International Drive ist dies nahezu unmöglich, da hier ständig Fahrzeuge unterwegs sind und Menschen Spaß haben wollen. Etwas ruhiger ist es dann aber schon im Bereich zwischen dem International Drive und dem Universal Boulevard, an dem man auf breiten Gehwegen entlangschlendern kann.

Möchte man die „Seele baumeln lassen", ohne allzu weit fahren zu müssen, bieten sich gleich zwei Parks an. In Downtown kann man herrlich am Ufer des **Lake Eola** 22 spazieren gehen, sich auf einer Bank niederlassen, Vögeln und Eichhörnchen zuschauen oder in Ruhe einen (mitgebrachten) Kaffee trinken.

Im Süden des International Drive befindet sich der **Dr. P. Phillips Community Park**, in dem man wandern und spazieren gehen kann. Für Kinder gibt es Spielgeräte.

Im Ortsteil Kissimmee befindet sich der **Lakefront Park** am Lake Tohopekaliga. Auf asphaltierten Wegen kann man hier am Ufer des Sees spazieren oder in Ruhe auf einer Bank sitzen. Südwestlich Orlandos (nahe dem Turnpike) lockt der **Bill Frederick Park** mit ausgedehnten Wanderwegen.

Soll es noch etwas mehr Natur sein, kann man auch den „geheimen" Garten (liegt etwas abseits und ist somit sehr ruhig) aufsuchen, der sich in Winter Park befindet: Auf etwa 2 ha Fläche macht der **Kraft Azalea Garden** seinem Namen alle Ehre, obwohl hier auch überall mächtige Zypressen Schatten spenden und Buxbaumhecken den Wegen Form geben.

Botaniker werden im **Arboretum der University of Central Florida** ihre Freude haben, denn das riesige Gelände bietet mehreren Hundert Pflanzenarten Raum und zeigt so die beeindruckende Fülle der Flora Floridas.

- **104 Arboretum der University of Central Florida**, 110 Apollo Cir, geöffnet: Mo–Fr 8–18 Uhr, Eintritt frei
- **105 Kraft Azalea Garden**, 1365 Alabama Drive, geöffnet: tgl. von 8 Uhr bis zur Dämmerung, Eintritt frei

Feiertage

New Year (1. Januar)
Martin Luther King Day (3. Mo. im Januar)
President's Day (3. Mo im Februar)
Easter Weekend (März/April)
Memorial Day (letzter Mo im Mai)
Independence Day (4. Juli)
Labor Day (1. Mo. im September)
Columbus Day (2. Mo im Oktober)
Veteran's Day (10. oder 11. November)
Thanksgiving (4. Do im November)
Christmas (25. Dezember)

038or-ho

Herrliche Parks mit außergewöhnlicher Vegetation laden zum Wandern ein

Zur richtigen Zeit am richtigen Ort

Orlando ist eine Stadt, in der man zu jeder Jahreszeit aus einem reichen Programm an Festen und Veranstaltungen wählen kann. Außer den im Folgenden genannten Veranstaltungen gibt es natürlich noch unzählige weitere. Aktuelle Infos erhält man unter www.visitorlando.com.

Januar

- **Winter Music Series:** An jedem Samstag im Januar gibt es zur Weinprobe in der Lakeridge Winery & Vineyards Livemusik (s. S. 58).
- **Otronicon:** Mitte Januar findet im Orlando Science Center **14** eine Messe statt, bei der man neueste Technologien zum Thema „Künftiges Leben, Lernen, Arbeiten und Spielen" kennenlernen und ausprobieren kann (www.otronicon.org).
- **Downtown Orlando MLK Holiday Parade:** alljährliche Parade zur Erinnerung an Martin Luther King in Downtown Orlando. Der Beginn ist gegen 10 Uhr am Lake Eola **22** (www.cityoforlando.net).

Februar

- **Indie-Folkfest at the Mennello Museum:** Anfang Februar gibt es auf dem Gelände des Museums **18** Indie- und Folkmusik sowie Essen und Trinken (www.mennellomuseum.org).
- **Bach Festival:** Jedes Jahr kommen auf dem Campus des Rollins College **23** zu Ehren des großen Komponisten zahlreiche Künstler zusammen, um allein oder gemeinsam Bachs Werke aufzuführen (www.bachfestivalflorida.org).
- **Lunar New Year Dragon Parade:** Beim chinesischen Neujahrsfest gibt es in der Mall Orlando Fashion Square (s. S. 71) eindrucksvolle Drachenparaden (www.centralfloridadragonparade.org).
- **Silver Spurs Rodeo of Champions:** Mitte Februar versuchen in der Silver Spurs Arena in Osceola Heritage Park in Kissimmee Cowboys, wilde Bullen und Pferde zu reiten (www.silverspursrodeo.com).
- **Downtown Food and Wine Fest:** Wie der Name sagt, gibt es in Downtown Mitte Februar allerlei Leckereien zu essen, Weine zu probieren und Livemusik zu genießen (www.downtownorlando.com).

März

- **Winter Park Sidewalk Art Festival:** Mitte März verwandeln bis zu 1000 Künstler die Gehwege in Winter Park zu Bühnen. Dazu gibt es Jazz und natürlich reichlich zu essen (www.wpsaf.org).
- **Art31:** Maitland zelebriert jeden März in seinen Museen und Galerien den ganzen Monat lang Kunst und Kultur (www.artandhistory.org).

April

- **Ostern:** In den Kirchen finden besondere Gottesdienste statt und alle Parks haben Sonderaktionen.
- **Spring Fiesta in the Park:** Am zweiten Wochenende im April verwandelt sich der Lake Eola Park **22** in eine große Bühne für Musik, Theater und Gastronomie (www.cityoforlando.net/fiestainthepark).
- **Central Florida Earth Day:** Musik, Vorträge und viele Aktivitäten sollen das Bewusstsein für Umweltschutz und allgemeine ökologische Aspekte schärfen (Ende April, www.cfearthday.org).

Mai

- **Orlando Cabaret Festival:** Kabarett- und Kleinkunstaufführungen durch die Crew des Mad Cow Theatre (www.orlandoatplay.com).

- **Gay Days:** Anfang Juni feiern Mitglieder der LGBT+ Community tagsüber in den Parks, es gibt Paraden und viele Partys in den Klubs (www.gaydays.com).

Juli

- **Unabhängigkeitstag (4. Juli):** In den Parks gibt es unterschiedliche Paraden. Im Lake Eola Park 22 startet um 16 Uhr die große Party mit Feuerwerk um 21 Uhr.

September

- **Global Peace Film Festival:** Mitte September wird mit Filmen und anderen Veranstaltungen an den Internationalen Tag des Friedens der UN erinnert (www.peacefilmfest.org).

Oktober

- **Orlando International Dragon Boat Festival:** Mitte Oktober findet das internationale Drachenbootfest im Bereich Downtown Disney statt (www.gwndragonboat.com/orlando).
- **Halloween:** Ende September wird Halloween gefeiert, in den Parks wird es noch bunter und auf den Straßen gibt es viel zu sehen.
- **Columbus Day:** Der große Entdecker wird mit Paraden und vielen Festen gefeiert, die Themenparks sind total überfüllt, in den Malls gibt es aber Sonderrabatte.
- **Gay Pride Festival and Parade:** „Come Out With Pride" ist das Motto der Parade im Lake Eola Park 22 (www.comeoutwithpride.com).
- **Winter Park Autumn Art Festival:** Der Central Park in Winter Park wird zur Bühne für zahlreiche Künstler (www.winterpark.org/autumn-art-festival).
- **Biketoberfest:** Ende Oktober findet das Fest der Biker statt. Röhrende Harleys und andere Boliden fahren über die Straßen, dazu gibt es Konzerte und vieles mehr (www.orlandoharley.com).
- **Central Florida Veg Fest:** Downtown Orlando wird zum Mekka der Vegetarier. Man erfährt Wissenswertes über Ernährung im Allgemeinen und wie man lecker vegetarisch kocht. Natürlich gibt es auch reichlich Gelegenheit zu probieren (www.cfvegfest.org).

November

- **Winter Park Concours d'Elegance:** Über 120 Oldtimer geben sich auf den Straßen von Winter Park ein Stelldichein und fahren dann zur großen Parade durch den Ort (www.concoursdates.com/event/winter-park-concours).
- **Veterans Day Parade:** Große Parade von Einheiten des Militärs und der Polizei zu Ehren und zum Gedenken der aktiven und ehemaligen Einsatzkräfte (www.cityoforlando.net).

Dezember

- **Christmas in the Park:** Im Charles Hosmer Morse Museum of American Art (s. S. 52) wird die Weihnachtszeit mit der Beleuchtung von Tiffany-Fenstern ganz besonders hübsch illuminiert, dazu präsentieren sich Chöre und andere Ensembles mit Bach.
- **Weihnachten:** In den Themenparks geht es rund um das Weihnachtsfest hoch her.
- **Florida Citrus Parade:** Am 29. Dezember wird die Zitrusfrucht geehrt. Tausende dieser Früchte werden über die Straßen getragen, Auftritte von Bands und anderen Künstlern runden das Spektakel ab (www.floridacitrussports.com/event/florida-citrus-parade).
- **Silvester/New Years Eve:** An allen großen Plätzen, im Lake Eola Park 22 und in den Freizeitparks gibt es Partys und Feuerwerk.

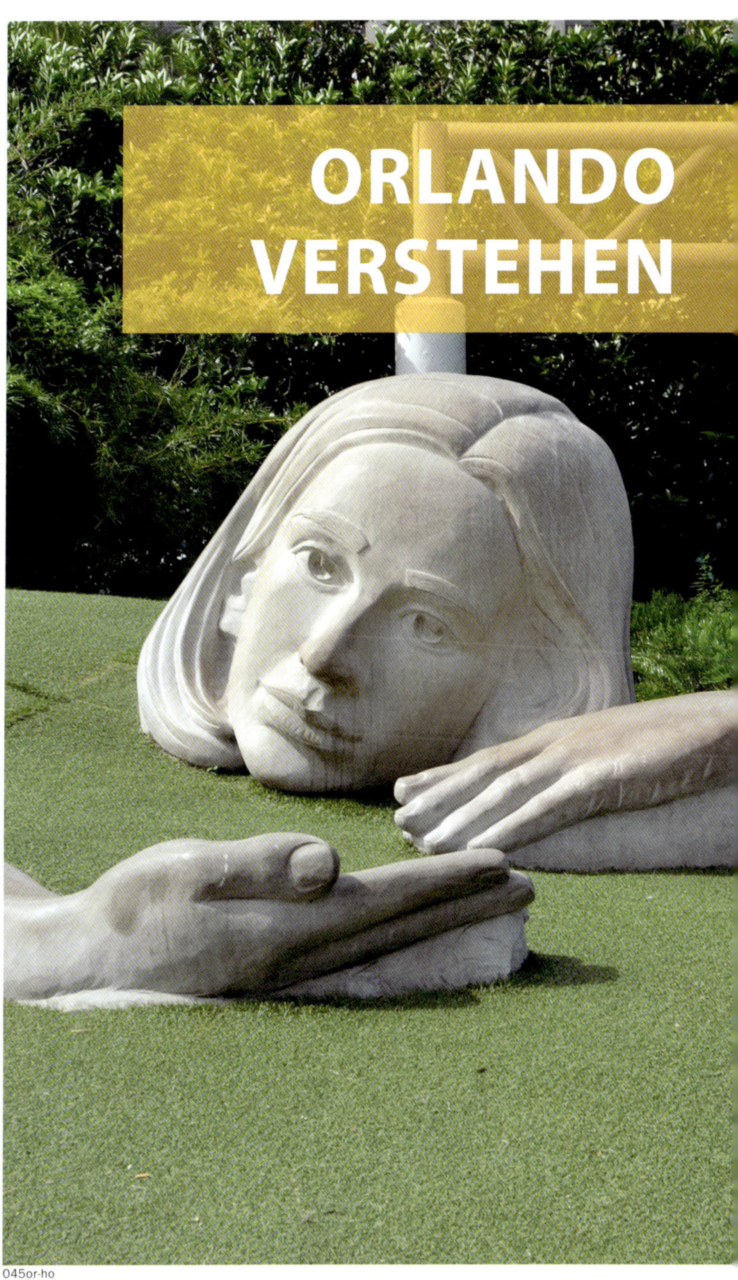

ORLANDO VERSTEHEN

045or-ho

Orlando – ein Porträt

Schon beim Landeanflug auf die Stadt wird deutlich: Das eigentliche Orlando ist vergleichsweise klein. Betrachtet man den Stadtkern, Downtown, dann hat man eine mittelgroße Stadt mit etwa 250.000 Einwohnern vor sich. Wenn man jedoch den Großraum Orlando mit seinen Freizeitparks und weiteren Attraktionen einbezieht, sieht die Sache schon anders aus.

Der Bau der Themenparks führte zu einer rasanten Entwicklung der Stadt. Heute findet man z. B. fast keine Orangenplantagen mehr im Orange County oder in den umliegenden Countys, die Seminole, Osceola und Lake County heißen und zusammen die sogenannte Metropolregion Greater Orlando bilden.

◁ Vorseite: Skulpturen zieren an vielen Stellen das Stadtbild (hier im Lake Eola Park 22)

▽ Orlando Downtown erstreckt sich rund um den Lake Eola

Diese **Metropolregion** erstreckt sich von den nördlichen Vororten Winter Park, Maitland und Eatonville über Downtown und das touristische Viertel rund um den International Drive (kurz I-Drive) bis zu den Städten Lake Buena Vista und Kissimmee im Süden sowie vom Lake Apopka im Westen bis zum Flughafen im Osten. Manche zählen zudem die Space Coast dazu, obwohl das Brevard County offiziell nicht dazugehört.

Das gesamte Gebiet wird von Norden nach Süden und von Osten nach Westen von zahlreichen Straßen durchzogen, die so z. T. auch **Stadtgebiete** entstehen lassen, die sozial sehr unterschiedlich sind. Da sind beispielsweise der von wohlhabenden Weißen bewohnte Norden rund um Winter Park, die geschäftige Downtown und der touristisch geprägte Süden, durch den sich der I-Drive mit seinen Motels, Restaurants und vielfältigen Attraktionen schlängelt, während noch weiter südlich (in Lake Buena Vista) die gigantische Fläche des Walt Disney World Resorts auf Gäste wartet.

Urlaub und Unterhaltung werden in Orlando großgeschrieben und bilden den wirtschaftlichen Motor der Region. Und damit sind sämtliche Bereiche der touristischen Infrastruktur gemeint: von Restaurants über Kneipen und Shoppingmalls bis zu den Freizeitparks. Über 70 Mio. Menschen besuchen die Stadt jährlich, die meisten auf der Suche nach Spaß und Vergnügen. Dafür arbeitet in allen Bereichen eine schier unüberschaubare Zahl „dienstbarer Geister", die so ihren Lebensunterhalt verdienen. Ansonsten haben die meisten Reisenden eher wenig Kontakt mit der Bevölkerung, dafür umso mehr mit dem Heer anderer Touristen aus aller Herren Länder.

Ist im Großraum Orlando auch viel Fläche versiegelt – schließlich steht die touristische Infrastruktur hauptsächlich auf Beton –, so gibt es doch überall **Wasserflächen** und **üppiges Grün.** Und sobald man den Großraum Orlando verlässt, erreicht man schnell das ursprüngliche Florida mit seinen Sümpfen, Feldern und der faszinierenden Flora und Fauna der Subtropen.

KURZ & KNAPP

Orlando in Zahlen

- **Gegründet:** 31. Juli 1875
- **Einwohner:** Downtown ca. 250.000, Metropolregion ca. 2,5 Mio.
- **Bevölkerungsdichte:** ca. 984/km²
- **Fläche:** etwa 261 km², davon 242 km² Land
- **Höhe ü. M.:** 34 m

In Greater Orlando leben etwa 2,5 Millionen Menschen. Das ist für die USA mit ihren Megastädten sicherlich keine herausragende Zahl, schaut man sich aber die **Besucherzahlen** an, ändert sich das Bild: Kamen 2013 „nur" 59 Mio. Gäste in die Region, so waren es 2014 schon 62 Mio. (und damit z. B. etwa 6 Mio. Gäste mehr, als im gleichen Zeitraum New York besuchten). Ständig werden neue Attraktionen angekündigt, gebaut und eröffnet und immer steigen die Besucherzahlen weiter: 2017 waren es schon 72 Mio. Menschen, von denen immerhin etwa 10 % aus Übersee stammen!

021©Richard - stock.adobe.com

Glücklicherweise kommen die Besucher nicht alle gleichzeitig, doch es gibt Spitzenzeiten und dann wird es schwierig, in einem der über 140.000 Hotelzimmer ein Bett zu bekommen. Außerdem halten sich die meisten Besucher in den Themenparks auf, ganz besonders viele im Magic Kingdom der Disney World 25. Das Onlinemagazin Travelbook veröffentlichte 2016 Zahlen zu den 25 meistbesuchten Freizeitparks der Welt. Sieben von ihnen befinden sich in/bei Orlando.

Orlando bietet aber neben seinen Freizeitparks noch vieles mehr: **Theateraufführungen**, u.a. des Orlando Shakespeare Theater (s.S. 69), **klassische Konzerte** im Dr. Phillips Center for the Performing Arts 19 oder andere Musikveranstaltungen unterschiedlichster Stilrichtungen (aus Orlando stammen z.B. die Backstreet Boys) im Amway Center 20, das zudem Austragungsort diverser Sportveranstaltungen (Basketball, Eishockey, Arena Football und Fußball) ist.

Wie Orlando zu seinem Namen kam

Die erste Siedlung in der Region entstand bereits einige Jahre, bevor Florida 1845 zu einem Staat der USA wurde. Schon in den frühen 1840er-Jahren betrieb Aaron Jernigan (s.S. 84) aus Georgia hier eine erfolgreiche Farm für Baumwolle und Zitrusfrüchte. Da man ihn, den größten Arbeitgeber, an dem der Wohlstand des County hing, würdigen wollte, nannte man die Siedlung „Jernigan". Sie befand sich im sogenannten Mosquito County, benannt nach den allgegenwärtigen Blutsaugern. So wussten Ankömmlinge gleich, was sie erwartete. Neben den Mücken war die Gegend allerdings auch berühmt für ihre Orangen. So war die zweite, deutlich attraktivere Bezeichnung geboren: Orange County.

War „Jernigan" zu dieser Zeit eine Siedlung, eine Stadt oder vielleicht nur eine Farm mit Ladengeschäft und Post? Belege fehlen vollständig, ebenso wie Bilder von Aaron Jernigan oder seiner Familie.

1857 baute ein anderer Unternehmer, B.F. Caldwell, in der heutigen Downtown von Orlando eine neue Poststation auf und überließ dem County zugleich ein großes Areal, um ein neues Gerichtsgebäude zu errichten. Diese neue Siedlung brauchte einen Namen. Darüber aber, wie dieser Name zustande kam, existieren mindestens fünf verschiedene Theorien und Geschichten:

Variante 1: Einst soll es einen Soldaten namens Orlando Reeves gegeben haben, der während der Seminolenkriege als Held sein Leben ließ. Er soll seine Kameraden vor den angreifenden Seminolen (einem Indianerstamm) gewarnt haben, was seine Getreuen zwar rettete, ihm jedoch den Tod brachte. Recherchen von Historikern und der Zeitung „Orlando Sentinel" brachten allerdings keinerlei Erkenntnisse zutage, dass es jemals einen Soldaten mit einem solchen Namen gegeben habe. Auch eine Schlacht mit den Seminolen habe wohl nie auf dem Gebiet der heutigen Downtown stattgefunden. Das nächstgelegene Scharmützel fand offenbar bei Hatcheelustee statt, jenem Gebiet, wo heute das Walt Disney World Resort steht, also etliche Meilen entfernt. Dennoch weist ein Gedenkstein im Lake Eola Park 22 auf ge-

Von den Anfängen bis zur Gegenwart

Orlando ist der **Verwaltungssitz des Orange County** in Florida. Als die ersten Siedler Mitte der 1820er-Jahre hier Land rodeten, nannten sie die Gegend Mosquito County, da die zahlreichen Wasserflächen und Sümpfe (etwa 10 % der County-Fläche) ein idealer Platz für Stechmücken war.

Zunächst kamen die Siedler nur wegen der weiten Flächen zur Viehzucht, erkannten aber rasch den Wert der Region für den Anbau von Zitrusfrüchten. Aaron Jernigan aus Georgia wurde der erste große Grundbesitzer und errichtete eine Handelsstation, die man nach ihm **Jernigan** nannte. Immer mehr Menschen zogen hierher, es herrschte eine Art Goldgräberstimmung und Aaron Jernigan (s. S. 84) „herrschte" hier (wie einige Quellen sagen) durchaus wenig zimperlich.

nau diesen Soldaten hin, dessen Statue hier bis vor einigen Jahren auch gestanden hat. (Sie wurde 2017 auf den Greenwood-Friedhof versetzt.)

Variante 2: Eine andere Deutung besagt, der Name der Stadt ginge auf einen Mann namens Orlando Rees zurück. Rees besaß etwa 30 Meilen nördlich des heutigen Orlando eine Zuckerrohrmühle. Bei einem Aufenthalt am Lake Eola soll er seinen Namen in die Rinde eines Baumes geritzt haben. Warum er das tat? Rees war wohl ein Nachahmer des Naturforschers John James Audubon, der die Angewohnheit hatte, seinen Namen in Baumrinde zu schneiden, um später seine Wanderungen nachverfolgen zu können. Später entdeckten Siedler die Markierung und nahmen an, hier befände sich das Grab eines Mannes namens Orlando. Fortan wurde der Ort nahe dem Baum als „Orlandos Grab" bezeichnet, was dann im Laufe der Zeit abgekürzt zu „Orlando" wurde.

Variante 3: Es existiert auch die Theorie, Orlando Reeves (der oben erwähnte Soldat) sei Orlando Rees – sein Name sei nur falsch geschrieben. Angeblich habe man ihn „Colonel" genannt, obwohl er nie einen militärischen Rang bekleidet habe. Auf den Ländereien von Orlando Rees soll es zu Problemen mit Seminolen gekommen sein. Dabei könnte er getötet worden sein. Andererseits deuten Belege an, dass er mit 58 Jahren in North Carolina starb, nicht im Orange County.

Variante 4: Eine besonders kreative Geschichte besagt, ein Shakespeare-Fan habe den Namen erdacht, denn in dem Stück „Wie es euch gefällt" (um 1599) verliebt sich die Figur des Orlando unsterblich in Rosalind. Diese Interpretation gründet darauf, dass es in Orlando die Rosalind Avenue gibt, die direkt ins Herz von Downtown führt – also ins Herz Orlandos.

Variante 5: Vielleicht war der Urheber des Namens auch J. G. Speer, ein Richter aus South Carolina, der 1854 dazu beitrug, hier einen neuen Verwaltungssitz aufzubauen. Hat ihn vielleicht ein Mitarbeiter namens Orlando dabei so unterstützt, dass er den Ort nach ihm benannte?

Welche Version der Wahrheit entspricht, wird wohl immer ein Geheimnis bleiben. So jedenfalls kann sich jeder die schönste Geschichte aussuchen oder eine eigene, ganz andere ersinnen.

1845 benannte man das Gebiet in **Orange County** um, denn schließlich waren Orangen zum wichtigsten Wirtschaftsfaktor geworden. Rasch wurde unweit des Handelspostens ein neues Gebiet gerodet (dort, wo sich jetzt Orlando Downtown befindet). 1857 schenkte der Unternehmer Caldwell der Gemeinde ein großes Areal, um darauf ein Courthouse (Gerichtsgebäude mit Gemeindeamt) zu bauen. Als dies dann 1863 fertig war, war Jernigans Aufschwung Geschichte, denn mit dem Gericht kehrten Recht und Ordnung ein, die im Widerspruch zur despotischen Art Jernigans standen.

1875 gab es im nun **Orlando** (s. S. 82) genannten Ort, der in diesem Jahr die Stadtrechte erhielt, nur etwa 85 Einwohner. Als die Stadt 1881 mit der Eisenbahn erreicht werden konnte, stieg die Einwohnerzahl schnell auf 200 an. Mit dem neuen Jahrzehnt waren es dann sogar schon 10.000, die vor allem im boomenden Orangenanbau und deren Verarbeitung Arbeit fanden.

1894 sah man sich einer langen Frostperiode ausgesetzt, die als „**Big freeze**" in die Geschichte einging. Der größte Teil der Orangenernte ging verloren und schlimmer noch, auch die Pflanzen litten darunter, sodass sie auch in den Folgejahren kaum Erträge abwarfen. Fast 8000 Menschen zogen daraufhin fort und erst etwa

Aaron Jernigan – der erste Siedler in Orlando

Es muss 1843 gewesen sein, als Aaron Jernigan, damals etwa 30 Jahre alt, eine erste Rodung in den Wäldern nördlich der heutigen Stadt vornahm. Er besaß insgesamt 160 Acres (ein Acre entspricht ca. 4047 m², in diesem Fall also etwa 647.520 m² oder rund 0,65 km²). Das Gebiet war ihm von der US-Regierung unter dem Gesetz zur Urbarmachung von Land (Armed Occupation Act) von 1842 zur Verfügung gestellt worden. Nach der ersten Rodung für eine Hütte holte er seine Familie nach, weitere Siedler folgten ihm, darunter auch sein Bruder Isaac.

Später kaufte Aaron weiteres Land auf, u. a. von seinem Bruder, sodass er weit über 1000 Acres sein Eigen nennen konnte (es muss sich ungefähr um das Gebiet des östlichen Little Lake Conway bis zum South Orange Blossom Trail handeln). Er expandierte weiter, baute Zitrusfrüchte und Baumwolle an und wurde so zu einem angesehenen Unternehmer und Repräsentanten von Orange County und man benannte den Ort Jernigan nach ihm. Zudem war er Hauptmann der örtlichen Miliz und führte seine Truppen im Kampf gegen die aufständischen Seminolen an.

Aber wie so oft in der Politik wendete sich das Blatt. Schon 1857 gab es einen neuen Handelsposten, nur wenige Kilometer von Jernigan entfernt, ungefähr dort, wo sich heute Downtown Orlando erstreckt. Aaron Jerigans Ruhm verblasste. Hinzukam, dass die Miliz-Soldaten von Alkoholexzessen ihres Kommandanten berichteten und erzählten, dass er häufiger nicht bei der Truppe war. 1859 wurde er gar des Mordes verdächtigt und verhaftet. Er konnte zweimal fliehen, zuletzt bis nach Texas. Erst 25 Jahre später kehrte er zurück in seine Heimat. 1891 starb er hier einsam, unbekannt und schwer krank.

30 Jahre später wurde wieder die Einwohnerzahl von 10.000 erreicht, die sich bis 1930 fast verdreifachte und 1950 auf über 50.000 angewachsen war.

In den nächsten fast 15 Jahren geschah auf den ersten Blick fast nichts Großes in Orlando, doch insgeheim bahnte sich ab ungefähr 1960 Großes an. Zu dieser Zeit erwarben anonyme Käufer Land im Südwesten der Stadt. Erst Mitte der 1960er-Jahre wurde bekannt, dass **Walt Disney** diese Landkäufe initiiert hatte und so nun etwa 150 Quadratkilometer besaß. Hier sollten neue Themenparks entstehen, da man im kalifornischen Anaheim nach großen Erfolgen an Grenzen stieß. 1971 waren die Arbeiten am Disney World Resort fertiggestellt, am 1. Oktober wurde Eröffnung gefeiert. Konkurrenten in der Freizeitparkindustrie folgten dem Beispiel und so kamen immer mehr **Themenparks** und **Attraktionen** nach Orlando, was der Stadt bis heute den Spitznamen „Vergnügungshauptstadt der USA" eingebracht hat.

1513 Ponce de León, ehemals spanischer Gouverneur Puerto Ricos, nimmt das Land für die spanische Krone in Besitz und nennt es Florida, weil gerade das Osterfest, spanisch Pascua florida, gefeiert wird. Im Zentrum leben nur die Ureinwohner in unwirtlichen Sumpflandschaften.

1763 Spanien tritt das Gebiet an die Briten ab und erhält im Gegenzug dafür Kuba.

1775–1783 Im Unabhängigkeitskrieg steht Florida auf Seiten der Briten. Nach der Konstituierung der USA tauschen die Briten es erneut mit Spanien gegen das Gebiet der Bahamas.

046or-ho

In Stein gemeißelt: die Geschichte von Orlando Reeves (s. S. 82)

1821 Spanien verkauft Florida für 5 Mio. Dollar an die USA. Indianer vom Stamm der Seminolen werden zum Problem für die neuen Besitzer, denn sie leben auf potenziellem Ackerland.

1832 Nach aggressiven Auseinandersetzungen und immer neuen Verträgen bricht der junge Stammesführer Osceola voller Zorn die Vertragsverhandlungen ab. Die Auseinandersetzungen verstärken sich. Es folgen Jahre des Guerillakriegs.

1838 In der Gegend des heutigen Orlando soll ein Fort den Siedlern Schutz geben.

1842 Die letzten 300 Seminolen entschließen sich, den Kampf zu beenden und das angebotene Land anzunehmen. Der sog. Armed Occupation Act verspricht jedem Siedler 160 Acres Land, wenn er dies mindestens fünf Jahre lang bewirtschaftet. Aaron Jernigan (s. S. 84) nutzt diese Chance.

1843 Das bisherige „Mosquito County" erhält den Namen „Orange County".

1845 Am 3. März wird Florida der 27. Bundesstaat der USA.

1857 B. F. Caldwell baute im heutigen Downtown Orlando eine neue Poststation auf und schenkte dem County ein großes Areal zum Bau eines neuen Gerichtsgebäudes.

1860 In Zentralflorida gedeihen die Baumwollplantagen und Rinder-Ranches.

1861 Florida sagt sich als dritter Staat von der Union los. Man will an der Sklaverei festhalten. Auch viele junge Männer aus Orlando ziehen in den Kampf (Amerikanischer Bürgerkrieg: 1861–1865).

1866 Florida ergibt sich der Union, die letzten Sklaven werden befreit und die zurückkehrenden Soldaten finden in Orlando eine heruntergewirtschaftete Baumwollindustrie vor. In den Folgejahren konzentriert man sich mehr auf die Viehwirtschaft.

1868 Florida wird wieder in den Staatenbund der USA aufgenommen.

1870 Das milde Klima lockt zunehmend Arbeitskräfte nach Orlando.

1875 Orlando erhält den Stadt-Status.

1880 Der Anschluss an das Eisenbahnnetz erfolgt.

1884 Man exportiert bereits etwa 500.000 Kisten Orangen pro Jahr. Selbst ein Großfeuer, das mehrere Gebäudeblöcke zerstört, kann der Stadt nicht schaden. Es leben schon fast 1700 Menschen in Orlando.

1894 Kurz nach Weihnachten sinkt die Temperatur für drei Tage auf unter -4 °C. Die gesamte Zitrusernte erfriert (The Great Freeze). Die Stadt verliert ihren Reichtum, ihre Bürger und ihre Bedeutung.

1910 Die Bevölkerung wächst wieder auf 4000 Einwohner, weil man sich auf den Tourismus verlegt.

1914–1918 Erster Weltkrieg. Viele Immigranten kommen nun nach Orlando, kaufen Land und versuchen sich im Orangenanbau.

1928 Die Stadt erhält ihren Flugplatz. Zeitgleich lässt sich ein Orangenschädling aus dem Mittelmeerraum nieder: Ein erneuter Niedergang der Zitrusindustrie kündigt sich an, der im Folgejahr die Folgen des Börsencrashs verstärkt. Präsident Roosevelts Arbeitsbeschaffungsplan verhilft 40.000 Menschen in Florida zu neuer Beschäftigung.

Auch heute noch Gedenkstätte: der Klub Pulse

1939–1945 Im Zweiten Weltkrieg bekommt Orlando einen zweiten Flugplatz, weil die Region zum Zentrum der militärischen Ausbildung und zu einer bedeutenden Region für die Rüstungsindustrie werden soll.

1950 Rund 52.000 Menschen leben in der Stadt, viele als Soldaten bzw. als deren Angehörige. Zugleich nimmt der Tourismus in Florida Fahrt auf.

1955 Das Weltraumprogramm in Cape Canaveral wird aufgenommen, weitere Menschen kommen in die Region.

1963/64 Die Disney-Zeit beginnt. Walt Disney lässt Land kaufen, um seine zweite Disney World zu bauen.

1971 Disney World wird eröffnet und von nun an stetig weiterentwickelt.

1973 Sea World öffnet seine Türen.

1990 Die Universal Studios werden eingerichtet.

1999 Weitere Themenparks von Disney World und Universal Studios kommen hinzu.

2001 Infolge der Terroranschläge vom 11. September kommt es zu einer leicht rückläufigen Entwicklung der Besucherzahlen – vor allem in den Themenparks.

2016 Am 12. Juni betritt ein bewaffnerter Mann den LGBT-Nachtklub Pulse und schießt um sich. 49 Menschen sterben bei dem Amoklauf und 53 weitere werden verletzt.

2017 Der Tourismus boomt in Orlando, über 72 Mio. Menschen besuchen die Region.

Anschlag im Nachtklub

Einer der erfolgreichsten Klubs der LGBT-Szene Orlandos war das Pulse. Über 300 Menschen feierten hier am 12. Juni 2016 ausgelassen, als ein schwer bewaffneter junger Mann gegen 2 Uhr den Klub betrat und mit einer Handfeuerwaffe und einem Schnellfeuergewehr wahllos auf die Feiernden schoss. Der Attentäter war der 29-jährige Omar Mir Seddique Mateen, ein in den USA geborener Sohn afghanischer Einwanderer.

Um 2.22 Uhr meldete sich Mateen über den Notruf bei der Polizei und gab sich als Sympathisant des IS aus. Herbeigerufene Einsatzkräfte riegelten zunächst den Klub ab, konnten aber erst gegen 5 Uhr stürmen, da sich der Attentäter mit Geiseln auf den Toiletten verschanzt und gedroht hatte, eine Bombe zu zünden. Etliche Menschen konnten befreit werden, Mateen wurde erschossen. Er hatte zuvor 39 Menschen im Klub getötet, weitere starben außerhalb bzw. erlagen später ihren Verletzungen. Zusammen mit dem Attentäter kamen bei dem Anschlag insgesamt 49 Menschen ums Leben, 53 weitere wurden verletzt. Damit errang diese Tat gleich zwei unrühmliche Spitzenpositionen: Es war der größte tödliche Anschlag seit dem 11. September und zugleich der schwerste, der in den USA von einer Einzelperson begangen wurde.

Ursprünglich wollte der Bürgermeister den Klub kaufen und auf dem Gelände eine Gedenkstätte für die Toten errichten, doch der Betreiber lehnte ab. Heute steht das Gebäude an der 1912 South Orange Ave. z. T. hinter einem Zaun, der mit bunten Plakaten und Blumen geschmückt ist. Aktuell ist dies eine Art Dauerausstellung, die von bewaffnetem Sicherheitspersonal bewacht wird, um möglichem Vandalismus etc. vorzubeugen. Aber keine Angst, man darf das Gelände besichtigen, allerdings nicht hinter den Zaun gehen.

Orlando – der Freizeitpark der Superlative?

Magic Kingdom und Mickey Mouse, atemberaubende Achterbahnen, Nervenkitzel in 3D, faszinierende Tiershows, eine gigantische Menge an Restaurants, Klubs und Sportanlagen, unzählige Shoppingmöglichkeiten und überall Touristen aus aller Herren Länder – das alles ist Orlando, aber Orlando ist eben auch noch viel mehr.

„Once upon a time" („Es war einmal"), so beginnen Märchen. Und was passt besser zu Orlando als dieser Satz, denn die Geschichte dieser Stadt ist im wahrsten Sinne des Wortes märchenhaft. Als Orlando um 1857 aus ein paar Hütten und Kneipen „erschaffen" wurde, ahnte sicher niemand etwas von der rasanten Entwicklung, die der Ort in den kommenden 160 Jahren erleben würde. Zwar ließen sich rasch Siedler nieder, denn die Landwirtschaft lockte Arbeiter hierher, doch so schnell sie kamen, gingen sie auch wieder, nachdem der Great Freeze, eine lang anhaltende Frostperiode, um 1894 die gesamte Ernte vernichtet hatte. Obwohl in den Folgejahren wieder mehr Menschen in die Region kamen, lag die Bevölkerungszahl 1950 nur bei gut 50.000 Menschen. Und heute? Da besuchen über 72 Mio. Menschen jährlich die Stadt (v. a. die Freizeitparks) und lassen Orlando zu einer der Touristen-Hauptstädte der Welt werden.

Der märchen- und kometenhafte Aufstieg Orlandos ab Mitte der 1960er-Jahre ist untrennbar mit **Walt Disney** (s. S. 90) verbunden, dem weltberühmten Trickfilmzeichner und Filmproduzenten. Kaum war Disney's Magic Kingdom 1971 eröffnet, kamen die Besucher scharenweise. Und obwohl die Grundstückspreise deutlich anstiegen, nachdem Disney als Landbesitzer und Vergnügungsparkbetreiber bekannt geworden war, kamen Konkurrenten, denn die hohen Besucherzahlen weckten Begehrlichkeiten. 1973 nahm Sea World 11 seinen Wasserzoo mit Delfinen, Robben und Walen in Betrieb. 1990 eröffneten die Universal Studios 1 einen Themenpark. Die Betreiber spekulierten darauf, dass die Touristen, die zum Besuch eines Freizeitparks nach Orlando kamen, auch bereit wären, andere Parks zu besuchen. Das System funktioniert bis heute.

064or-ho

In Ripley's Believe it or not 5 *trifft man auch auf diese Vampirfrau*

So kamen nach und nach weitere Themenparks hinzu, ferner **kleinere Attraktionen** wie Ripley's Believe it or not ❺, WonderWorks ❿, Madame Tussauds ❾ und etliche mehr. Während der Besucher in den großen Parks ganze Tage verbringen kann, haben die kleineren Einrichtungen den Vorteil, dass man nach dem Besuch noch Zeit für andere Aktivitäten hat, z. B. Shopping oder ein Sonnenbad am Pool. Und dann gibt es natürlich noch das kulturelle Angebot in Orlando mit Theateraufführungen und Konzerten internationaler Pop- und Rockgrößen.

2017 lebten rund 280.000 Menschen in der Stadt, der Großraum Orlando kratzt sogar an der 2,5-Mio.-Marke. Dies liegt u. a. an der **hervorragenden Arbeitsmarktsituation:** Wöchentlich entstehen etwa 1000 neue Jobs, die Arbeitslosenquote beträgt nur 3,3 % – das ist die niedrigste in Florida und deutlich weniger als der US-Durchschnitt mit etwa 4 % im Jahr 2018. Laut Forbes gehört Orlando zu den vier am schnellsten wachsenden Metropolregionen der USA. Die gute Lage am Arbeitsmarkt ist natürlich vor allem dem Tourismusgeschäft geschuldet: Die Parks und Attraktionen müssen betreut werden und das bestehende und sich stetig erweiternde Angebot an Hotels hat Bedarf an Mitarbeitern. Auch in der Gastronomie und im Einzelhandel sind Servicekräfte gefragt.

Innerhalb der **Bevölkerung** gibt es vor allem drei große ethnische Gruppen, die Weißen (ca. 41 %), die Afro-Amerikaner (ca. 29 %) und die Latinos (ca. 26 %), deren größter Anteil aus Puerto Rico stammt und die Spanisch zu einer allgegenwärtigen Umgangssprache werden lassen.

So ist die Entwicklung Orlandos eigentlich eine **Erfolgsstory**, doch wo viel Licht ist, da ist bekanntlich auch viel Schatten. Schaut man in

⌃ *Irre Achterbahnfahrten sind der Hit in den Freizeitparks*

Walt Disneys Welt

Orlandos Entwicklung hängt vor allem mit einem Namen zusammen: Walter Elias Disney bzw. Walt Disney, wie ihn die Welt kennt. Geboren am 5. Dezember 1901, wuchs er an verschiedenen Orten in den USA auf. Seine Kindheit war von Entbehrungen geprägt und auch der Beginn seiner beruflichen Karriere als Zeichner bot etliche Tiefpunkte. Aber 1928 gelang es ihm - angeblich während einer Zugreise von New York nach Los Angeles -, eine neue Figur zu entwerfen, die ursprünglich „Mortimer" heißen sollte, nach Intervention seiner Frau aber den Namen „Mickey Mouse" erhielt.

Mickey und seine Gefährten eroberten erst die Kinoleinwände und später das Fernsehen. Neben seinen Cartoons machte sich Disney u. a. mit Märchen- und Naturfilmen einen Namen. So legte er den Grundstein für einen der bekanntesten Konzerne weltweit. 1955 wurde den Figuren aus seinen Zeichnungen in Disneyland im kalifornischen Anaheim Leben eingehaucht. Hier konnten Besucher gewissermaßen in das Leben der Disney-Figuren eintauchen und ihre Abenteuer miterleben. Schon nach wenigen Jahren war der Platz knapp, denn Besucher und Parkbetreiber wollten immer mehr und spektakulärere Attraktionen.

Ob Disney sich an seine frühe Kindheit erinnerte oder ihn Erzählungen seiner Eltern über ihre Zitrusfarm in Florida umtrieben, bleibt ein Geheimnis, doch er begann, sich für die Region um Orlando zu interessieren. Damals war die Gegend weitgehend sumpfiges Acker- und Weideland voller Moskitos, Schlangen und Alligatoren. Zu Beginn der 1960er-Jahre begannen verschiedene Investoren, hier Land zu erwerben - und weil es sonst niemand wollte, war es auch günstig. Einige Jahre später zeigte sich dann, dass es nicht um die einzelnen Grundstücke gegangen war, sondern darum, aus den Einzelstücken ein großes Ganzes zu machen, insgesamt etwa 150 Quadratkilometer. Auf diesem riesigen Besitz war genug Platz für alle Ideen, die Disney, wie er selbst sagte, sich jemals würde ausdenken können.

Davon konnte sich die Welt ab dem 1. Oktober 1971 ein Bild machen, als das Walt Disney World Resort **25** *eröffnet wurde. Disney selbst erlebte dies jedoch nicht mehr: Er war am 15. Dezember 1966 nach einer Lungenkrebsoperation verstorben.*

die Statistik des US-Zensus, so liegt das mittlere Jahreseinkommen eines US-amerikanischen Haushalts bei $ 57.000. Im Orange County liegt es bei $ 49.000, in Orlando nur bei $ 44.000. Betrachtet man in diesem Kontext die **Immobilienpreise**, ergibt sich Folgendes: Der mittlere Wert eines Hauses liegt in den USA bei $ 184.000, in Florida bei $ 166.000, in Orlando bei $ 172.000 und im Orange County sogar bei $ 584.000! Also ist Grundbesitz hier teurer als anderswo, das Einkommen hingegen geringer. Folglich ist der **Armenanteil** in der Bevölkerung größer als anderswo (in Orlando 19.9 %, in Orange County 11,1 %, in Florida 14,7 % und in den gesamten USA 12,7 %). Das wiederum führt zu einer vergleichsweise hohen **Kriminalitätsrate**, wobei an erster Stelle Diebstahl-, Einbruchs- und Drogendelikte stehen.

Neben dem sozialen Aspekt darf die **Ökologie** nicht außer Acht gelassen werden. Da sind zum einen die Themenparks, die große Flächen versiegeln, einen enormen Energieverbrauch haben und deren Besucher gigantische Müllmengen produzieren. Zum anderen bewegt das Thema **Tierschutz** die Gemüter. In den letzten Jahren gab es immer wieder Proteste gegen die Meeressäugerhaltung im Sea World, vor allem die der Orcas. Auf der anderen Seite machen sich diese Anlagen durchaus im Artenschutz verdient, denn hier werden z. B. kranke oder verletzte Tiere aufgezogen. Neben dem Unterhaltungswert sind die Shows auch lehrreich, denn viele Besucher werden hier zum ersten Mal mit von Menschen gemachten Umweltveränderungen und deren Auswirkung auf die Tierwelt konfrontiert und vielleicht sogar in Sachen Umweltschutz sensibilisiert. Das mag aber angesichts des Verpackungswahns und des inflationären Gebrauchs von Plastiktüten, -geschirr und -besteck in Motels und Fast-Food-Ketten nur wie ein Tropfen auf den heißen Stein anmuten. Wenngleich es auch hier ein Umdenken gibt: Immer öfter bestehen Teller und Besteck aus recycelbaren Materialien wie Maisstärke und viele Geschäfte händigen Papiertüten für die Einkäufe aus. Doch wenn man beim Einkaufen darum bittet, die Waren in eine bereits vorhandene Tüte zu packen, so erntet man oft ungläubige Blicke.

Bei der umstrittenen **Meeressäugerhaltung** zeigten die Proteste 2016 Wirkung: Das Management von Sea World gab bekannt, Orcas weder weiter züchten, noch neue Wale fangen zu wollen. Aber dies ist nur die Spit-

050or-ho

Die Orca-Show im Seaworld – faszinierend und verstörend zugleich

ze des Eisbergs, denn für das Vergnügen der Besucher müssen weiterhin Sümpfe weichen, Flüsse werden umgeleitet, Straßen gebaut, kurz gesagt, die Landschaft wird massiv verändert.

Dies gilt vor allem für die **Verkehrsplanung.** Orlando gilt als Welthauptstadt der Mietwagen. Der öffentliche Nahverkehr besitzt im Großraum Orlando kaum Relevanz, sodass die Planer mit immer mehr und immer breiteren Straßen versuchen, den Autoverkehr zu bewältigen. Auf den Straßen fahren meist bullige Autos mit Achtzylinder-Motoren. Wenn man diese Fahrzeuge mit konstanter und niedriger Geschwindigkeit fährt (und das ist wegen der großen Entfernungen, der wenigen Ampeln auf den Highways und der Tempolimits durchaus möglich), sind sie sogar erstaunlich sparsam.

Neben dem hier beschriebenen Orlando der Attraktionen gibt es natürlich auch das **unbekannte Orlando,** das man im Geschäftsviertel der Downtown oder im ruhigen Lake Eola Park 22 findet. Oder in der Idylle von Winter Park, das man am besten bei einer Bootstour erkundet. Wenn man noch etwas weiter über den „Tellerrand" der Stadt hinausschaut, erlebt man jene ursprüngliche Natur, die es einst auch auf dem Gebiet der heutigen Freizeitparks gegeben hat. Diese faszinierende Natur, die – denkt man an die Fänge eines Alligators oder die Giftzähne einer Schlange – mitunter zum Fürchten sein kann, wird von den Menschen so respektiert und geschützt, dass man z. B. in den Naturparks so gut wie keine illegal entsorgten Abfälle findet.

Und die typischen **Bewohner der Stadt?** Sie sind äußerlich kaum als solche zu erkennen. Es sind z. B. die Geschäftsleute, die in Downtown über die Straße eilen oder in der Mittagspause ein Schwätzchen in einem Pub halten, die Pensionäre in Winter Park, die von ihren Terrassen über den See blicken oder die Servicekräfte in Hotels und Restaurants, die geschäftig hin- und hereilen, um die Wünsche der Besucher zu erfüllen.

Touristen kleiden sich eher freizügig, sind in Urlaubslaune, haben häufig einen suchenden Gesichtsausdruck, kommen mitunter nicht mit der Verkehrsführung zurecht oder finden den Weg nicht. Das sorgt zwar bei den Bewohnern oft für Kopfschütteln, aber wenn man sie um Rat bittet, geben sie in der Regel eine freundliche und hilfreiche Antwort. Denn die Einwohner Orlandos sind in der Regel freundliche, zugängliche Menschen, die auch stets für ein kleines Schwätzchen zu haben sind, z. B. beim Einkauf, an der Tankstelle, im Restaurant, am Hotelpool oder in der Warteschlange in den Themenparks. Schnell kommt man so vom „I love your accent! Where do you come from?" zu der Frage, ob man Urlaub mache oder geschäftlich unterwegs sei. Man bekommt Informationen über die Familie, die vielleicht ursprünglich aus Deutschland stammt oder von der jemand in Deutschland in der Army gedient hat, und Tipps, was man unbedingt ansehen muss, welche Straßen man wegen zu hohem Verkehrsaufkommen meiden solle etc. Kurz darauf ist das Gespräch beendet und jeder geht seiner Wege.

PRAKTISCHE REISETIPPS

043or-ho

An- und Rückreise

Handelt es bei Orlando um den ersten Ort, an dem man amerikanischen Boden betritt, kommt man am **Orlando International Airport** an, der von vielen großen internationalen Airlines angeflogen wird. Einzelne Flüge mit TUIfly und amerikanische Inlandsverbindungen landen stattdessen am **Orlando Sanford International Airport.** Von hier kann man entweder mit den Taxis von Yellow Cab (Tel. 407-4222222) nach Orlando fahren (Preis bis zum Convention Center am International Drive etwa $ 110) oder man nimmt einen Mietwagen von einer der größeren internationalen Agenturen.

- **Orlando International Airport,** Airport-Code: MCO, www.orlandoairports.net, Tel. 407-8252001
- **Orlando-Sanford International Airport,** www.orlandosanfordairport.com, Airport-Code: SFB, liegt weiter im Norden

Im **Orlando International Airport**, bestehend aus einem A- und einem B-Terminal, gibt es nach dem Passieren von Immigration und Zollkontrolle außer der Anmietung eines Mietwagens noch mehrere andere Möglichkeiten, um in die Stadt oder zum gebuchten Hotel zu kommen. Im B-Terminal starten auf der Ebene 1 (Level 1, Ground Transportation Level) auf den Fahrspuren B42 bis B 47 die **Shuttlebusse der Airport-Hotels**, die regelmäßig pendeln. Im Idealfall hat man bereits eine Hotelbuchung. Falls nicht, kann man dies aber auch noch vom Flughafen aus erledigen, z. B. über die kostenlosen Hotline-Telefone in der Ankunftshalle, oder man lässt sich zum Hotel fahren und nimmt dann ein freies Zimmer. Die Hotelshuttles sind kostenlos.

Wenn man nicht in einem der flughafennahen Hotels übernachten möchte, hat man verschiedene Optionen, um Downtown, den International Drive oder andere Ziele im Großraum zu erreichen: Die meistgenutzte Option ist der **Mietwagen**, denn Orlando ist (so sagt der Flughafen) der größte „Mietwagenmarkt der Welt". Da wundert es auch nicht, wenn alles entsprechend ausgestattet ist. Im Gegensatz zu vielen anderen amerikanischen Flughäfen muss man hier keinen Shuttle zum Mietwagenzentrum nehmen, sondern erreicht es direkt über die A- und B-Seite, jeweils auf Level 1. Hier findet man alle großen (internationalen) Agenturen (Ausnahme: SIXT, s. u.). Bei der Abreise gibt es als Service für die Fluggäste extra Check-in-Schalter auf dem Level R1, in dem sich neben den Parkgaragen auch die Mietwagenrückgabe befindet, wobei die „A"-Garage im Westen, die „B"-Garage im Osten liegt. Hinzukommen noch einige andere (vor allem lokale) Mietwagenanbieter und SIXT, die ihre Stationen außerhalb des Airports haben, dann aber einen Shuttle Service anbieten.

Vom Level 1 des Terminals A fahren von den Spuren A38 bis A41 **lokale Busse** des Busunternehmens **Lynx** nach Downtown (etwa 40 Minuten Fahrzeit, Bus Nr. 11 via Orange Ave. werktags zwischen 5.52 und 23.52, samstags bis 21.52, sonn- und feiertags von 6.25 bis 20.25 Uhr; Bus Nr. 51 via den Ortsteil Conway zwischen 5.28 und 21.35, sonn- und feiertags zwischen 5.16 und 20.17 Uhr), zum International Drive (etwa 60 Minuten Fahrzeit, Bus Nr. 42 zwischen 5.40

Vorseite: Airboats sind ideal, um flache Gewässer zu erkunden (s. S. 50)

und 22.40, sonn- und feiertags zwischen 6.30 und 21.30 Uhr) oder zur Florida Mall/Seaworld (etwa 45 Minuten Fahrzeit, tgl. zwischen 5.30 und 22.30 Uhr). Jede dieser Fahrten kostet $ 2 pro Person. Weitere Ziele und Fahrzeiten kann man unter www.golynx.com einsehen.

Taxis (s. S. 126) fahren von den Terminals A und B jeweils ab dem Level 2. Sie können bis zu neun Fahrgäste befördern und müssen (unabhängig von der Zahl der Fahrgäste) nach Taxameter bezahlt werden. Man sollte mit Kosten zwischen $ 45 (Downtown bzw. International Drive), $ 55 (Buena Vista), $ 68 (Disney Resorts) oder $ 75 (Kissimmee) rechnen.

Möchte man **private Taxidienste** (Uber, Lyft, Wingz) nutzen, kann man sich im Arrival-Bereich (Level 2) treffen bzw. später im Departure-Bereich (Level 3) absetzen lassen.

Sollte man in einer größeren Gruppe/Familie unterwegs sein, kann man auch sogenannte **Shuttle Vans** bestellen. Diese Fahrzeuge halten dann im A-Bereich (Level 1) an den Commercial Lanes A19 bis A21 und im B-Bereich an den Commercial Lanes B27 bis B29.

› **Mears Transportation Group,** Tel. 407-4235566, www.mearstransportation.com

Seit 2014 fahren zwischen DeBary (Volusia County, nördlich von Orlando) und der Sand Lake Road die **Züge von SunRail**, sodass man im Prinzip auch so zum Flughafen kommen kann. Diese Züge fahren täglich zwischen 5.06 und 22.20 Uhr, alle Stationen und die Ankunfts- sowie Abfahrtszeiten kann man unter www.sunrail.com einsehen. Bei den Tickets kann man zwischen One Way bzw. Return Trip wählen (was dann günstiger ist). So kostet ein One-Way-Ticket $ 2 (eine Zone), $ 3 (zwei Zonen) bzw. $ 4 (drei Zonen), das Return-Trip-Ticket aber nur $ 3,75 bis 7,50. Will man häufiger fahren, lohnt der SunCard Pass, der für 7 ($ 17–34), 30 ($ 56–112) oder 365 ($ 560–1.120) Tage gilt. Alternativ kann man auch eine Prepaid Sun-

Für Familien und Gruppen bieten sich Shuttle Vans für den Weg vom Flughafen in die Stadt an

Card für One-Way-Fahrten kaufen, die dann eine Ersparnis von etwa 10 %/ Fahrt ermöglicht. Derzeit muss man zwischen dem Flughafen und der Station Sand Lake Road noch mit dem Lynx-Bus 111 fahren (nur Mo–Fr).

Möchte man nach der Ankunft direkt größere Strecken zurücklegen, kann man dies mit der **Bahn (Amtrak)** oder den **Fernbussen (Greyhound)** tun. Die jeweiligen Stationen erreicht man mit den Lynx-Bussen der Linie 11 ab dem Flughafen (Amtrak: Richtung Orange Ave./Columbia St.; Greyhound: North Garland Ave. und dann weiter mit Bus Nr. 25 zum 500 John Young Parkway).

Ausrüstung und Kleidung

Bei der Bekleidung darf grundsätzlich ganzjährig vor allem **Sommerliches** ins Gepäck. Wer leicht kälteempfindlich ist, packt einen **Pullover**, eine **Strickjacke** oder ein **Sakko** ein, denn erstens sind Malls und viele Restaurants stark klimatisiert und zweitens kühlt es sich im Herbst, Winter und Frühjahr zumindest abends ab (im Winter 2017 gab es in der Region sogar mal wieder Frost).

Sich *casual* (also: lässig) zu kleiden, gilt für nahezu jeden (Urlaubs-) Anlass als okay, außer man möchte in einen der angesagten Klubs. Dann sind Sneaker ebenso wie T-Shirts (meist sogar Poloshirts) ein Tabu. Ein ordentliches Hemd mit Kragen, Hose (am besten Stoffhose) mit Gürtel sowie geputzte Schuhe sind für Ihn angemessen, für Sie darf es gerne ein kurzes Kleid/Rock sein, auf jeden Fall aber High Heels (je höher, desto besser).

Sollte sich unterwegs herausstellen, dass irgendetwas fehlt, ist dies kein Problem, denn die Geschäfte haben lange geöffnet, manche sogar rund um die Uhr. Auf keinen Fall darf man allerdings **Ladegeräte** vergessen, sofern man elektronische Geräte mitnimmt, denn der europäische und amerikanische Standard dieser Geräte ist nicht immer kompatibel. Für den Anschluss elektrischer Geräte ist zudem ein **Adapater** notwendig, da die Steckdosen nicht der europäischen Norm entsprechen.

Autofahren

Die meistgenutzte Möglichkeit, um Orlando zu erkunden, ist der **Mietwagen.** Man sollte schon langfristig im Voraus buchen, denn hier gilt die Devise, je früher, desto günstiger.

Je nach Wunsch gibt es vom Kleinwagen über Mittelklassefahrzeuge bis hin zu Luxuswagen alles, was Räder hat, inklusive der sehr beliebten Cabrios *(Convertible)* und den gern gebuchten SUVs (also Geländewagen).

Wer vom Norden Orlandos in den äußersten Süden des Stadtgebiets fährt, kann schnell mal 50 Meilen unterwegs sein, was etwa 80 km entspricht. Solche Touren unternimmt man meist auf **vielspurigen Highways**, auf denen (fast) alle anderen Fahrer mit großen und noch größeren Fahrzeugen unterwegs sind. Da wird dem Kleinwagenfahrer schon manchmal mulmig. Und auch die Parkplätze sind auf große Karossen ausgelegt. Allenfalls bei besonderen Events kann es zu Engpässen kommen. Grundsätzlich gibt es eine große Zahl an Parkplätzen und Parkhäusern (Garage), deren Lage und (aktuelle) Ka-

EXTRATIPP

Keep on Rockin'

Was kann schöner sein, als mit einem amerikanischen Wagen unterwegs zu sein und aus dem Radio tönen die Rocksongs der letzten Jahrzehnte? Vor allem die 1980er-Jahre sind stets präsent, aber auch Rockiges, Blues und Reggae aus den 1960er- bis 1990er-Jahren. Der beste Sender ist dabei **WMMO 98.9:** Also FM 98.9 wählen und sich beschallen lassen.

pazität man unter www.cityoforlando.net/parking, www.downtownorlando.com/getting-around/parking oder www.bestparking.com/orlando-parking prüfen kann.

Bei der **Anmietung eines Wagens** über das Internet helfen Piktogramme bei der Fahrzeugwahl. Sie geben vor, mit wie viel Personen und Gepäckstücken das jeweilige Fahrzeug nutzbar ist. Am besten mietet man eine angenehme Größe und hofft dann am Flughafen auf ein Upgrade. Das gibt es immer dann, wenn die bestellte Größe nicht mehr vorrätig ist. Häufig ist dies bei der Kategorie „Midsize" der Fall, denn die wird, zumindest während der europäischen Ferienmonate, am liebsten gebucht.

Wer für den Aufenthalt in Orlando ein Auto mieten möchte, muss bestimmte **Kriterien** erfüllen: Man muss **mindestens 21 Jahre** alt sein, eine **Kreditkarte** besitzen und einen **Führerschein.** Ist man jünger als 21 Jahre, wird eine Extrakaution verlangt, dies gilt bei einigen Unternehmen auch bis zum 23. Lebensjahr. Der **internationale Führerschein** wird von einigen Vermietstationen neben dem nationalen Führerschein verlangt, bei Kontrollen durch die Polizei reicht in der Regel der nationale aus.

053or-ho

Am günstigsten ist es, den Wagen online zu buchen. Aber auch Reiseveranstalter bieten diesen Service an. Die Raten für ADAC-Mitglieder sind oft günstiger. Manchmal sind Versicherungen im Mietpreis enthalten, zumindest aber die **CDW (Collision Damage Waiver)**, eine Art Haftpflichtversicherung. Andere Versicherungen kann man dazubuchen (s. S. 98).

Man sollte sich vor dem Fahrtantritt unbedingt den Weg zum ersten Ziel erklären lassen und ihn auf einem Stadtplan (gibt es bei Anmietung) ein-

Mit dem Mietwagen erkundet man Orlando am einfachsten

zeichnen. Wer dann noch Fragen hat, kann direkt bei der Ausfahrt vom Gelände (bei der Kontrolle der Fahrzeugdaten) erneut nachfragen.

Übrigens sind die Fahrzeuge meist mit modernsten **Spielereien** ausgestattet. Häufig fehlt aber die Bedienungsanleitung, was zu Problemen führen kann, wenn man versucht, alle Möglichkeiten des Mietwagens zu testen. So ist manchmal in der Ummantelung des Innenspiegels ein roter **Knopf mit Herzsymbol** angebracht. Kurz gedrückt und schon ist das Radio aus und aus dem Lautsprecher ertönt eine besorgte, aber dennoch freundliche Stimme: „You pressed the button. What is the problem?“ Mittels eines solchen Knopfes ist man nämlich direkt mit einer Rettungsstation verbunden, die bei z. B. Herzinfarkten binnen Minuten per Helikopter eingreifen kann.

Autoversicherungen

Als Mieter ist man zunächst für alle Schäden verantwortlich, die am Fahrzeug auftreten. Einzig Schäden, die durch Naturkatastrophen oder nicht unfallbedingtes Feuer entstehen, sind nicht vom Mieter zu verantworten. Gegen alle anderen Risiken sollte man sich absichern. Die wichtigste Versicherung bzw. der wichtigste Zusatzvertrag ist die **CDW (Collision Damage Waiver)**, die den Haftungsausschluss bei Beschädigungen am Fahrzeug (z. B. durch Unfall) garantiert. Manchmal gilt sie auch im Fall des Totalverlusts (z. B. durch Diebstahl), sonst hilft hier die **LDW (Loss Damage Waiver)**. Ob die CDW den Verlust mit abdeckt, hängt vom Vermieter ab.

Schäden, die man selbst verursacht (z. B. bei einem Unfallgegner) werden von einer **LIS (Liabilty Insurance Supplement)**, auch **SLI (Supplemental Liability Insurance)** oder **EP (Extended Protection)** genannt, reguliert. Sie übernimmt i. d. R. auch Kosten für einen Rechtsstreit und die Kosten, wenn ein Unfallgegner nicht oder nicht ausreichend versichert ist. Mietet man daheim bei großen Anbietern, sind CDW und/oder LDW normalerweise im Preis enthalten, einige Veranstalter bieten ebenfalls einen gewissen EP-Schutz, doch ist dieser nicht immer ausreichend. Verschiedene Kreditkarten bieten ihren Kunden ebenfalls ein Rundumpaket an Versicherungen an, wenn man die Karte nutzt. Man sollte aber auch hier genau prüfen, wie umfassend dieser Schutz ist.

Wer dann noch mehr machen möchte, kann die **PAI (Personal Accident Insurance)** buchen, die Personenschäden beim Fahrer und seinen Angehörigen ausgleicht. Und einige Anbieter haben auch den optionalen **RSP (Roadside Plus)** im Programm, eine Art Schutzbrief gegen Probleme mit dem Fahrzeug, wenn man unterwegs z. B. eine Panne hat oder den Fahrzeugschlüssel verliert.

Beschilderung und Verkehrsregeln

Die Straßen werden unterschieden in **Interstate Highways** (Autobahnen, die den Staat durchziehen), **State Roads** (in etwa Stadtautobahnen) und **County Roads** (Landstraßen). Im Ort gilt meist eine **Geschwindigkeitsbegrenzung** auf 20 bis 35 mph (also knapp 50 km/h), außerorts auf 55 bis 65 mph (also knapp 90 bis gut 100 km/h) und manchmal auch 75 oder 95 mph (also bis zu 120 km/h). An Schulen wird die Geschwindigkeit zeitweise auf 15 mph (knapp 25 km/h) begrenzt. Dies wird durch Schilder wie „15 mph when lights are flashing" angezeigt: Die Geschwindigkeit muss in diesem Fall auf 15 mph gedrosselt werden, wenn eine Lichtanlage in einem großen Warnschild blinkt.

Speeding, also zu hohe Geschwindigkeit, führt schnell zum Konflikt mit der Polizei. Wird man angehalten, sollte man möglichst rasch rechts an den Rand fahren, allerdings nur, wenn man dort gut halten kann. Die Polizei hält hinter dem eigenen Fahrzeug und der Officer wird von hinten an das linke Seitenfenster herantreten. Man muss unbedingt im Wagen bleiben und die Hände gut sichtbar halten (gleiches gilt für Mitfahrer). Man sollte auch erst nach den Papieren kramen, wenn man dazu aufgefordert wird. Wenn die Papiere sich z. B. im Handschuhfach *(glove box)*, auf der Rückbank *(back seat)* oder im Kofferraum *(trunk)* befinden, sollte man dem Polizisten dies mitteilen, vor allem, wenn man aussteigen muss, um sie zu holen. Im anderen Fall kann das eigene Verhalten leicht fehlgedeutet werden, denn die Polizei ist stets auf Angriffe vorbereitet. Im Fall der Fälle kann man mit Höflichkeit, entsprechenden Erklärungen, Einsicht und einer Entschuldigung manchmal einer Strafe entgehen.

Die **Straßenschilder** ähneln den uns bekannten, aber es gibt Ausnahmen wie z. B. bei **Stoppschildern** *(stop signs)*. Wie bei uns ist ein voller Stillstand des Fahrzeuges notwendig, aber an etlichen Stoppstraßen gilt diese Regel für alle Richtungen, dabei handelt es sich um den sogenannten *4-way-stop*. In diesem Fall muss jedes Fahrzeug aus jeder Richtung anhalten. Wer zuerst gehalten hat, darf dann auch als erster die Kreuzung passieren.

Unterwegs sollte man Schilder mit der Aufschrift **„stay in your lane"** beachten: Spurwechsel sind hier unerwünscht und man muss zum Überholen nicht links fahren, sondern kann dies auch bequem rechts tun. Dies ist wichtig zu wissen, denn z. B. Autobahnausfahrten können auch von der linken Spur abzweigen. Vor Abfahrten oder Abbiegungen findet man den Hinweis **„right lane must turn right"**, was bedeutet, dass man ab dem Schild nur noch dann in der rechten Spur sein sollte, wenn man auch abbiegen will. Überlegt man es sich zu spät oder fährt man nach einem Irrtum über die weiße Schraffur (darf nie überquert werden!) auf dem Asphalt zurück auf die Straße, kann man ein Strafmandat kassieren.

An den meisten roten Ampeln darf man auch rechts abbiegen, außer beim Hinweis **„no turn on red"**. Obwohl **Ampelanlagen** eine dritte Farbe anzeigen können, erfolgt der Wechsel von Rot auf Grün übrigens ohne die Zwischenstufe Gelb. Rote Ampeln *(red lights)* und Stoppschilder müssen aber dringend beachtet werden.

„No U-Turn" bedeutet, dass man nicht wenden darf, während „U-turn" darauf hinweist, dass dies hier ausdrücklich erlaubt ist.

Parken und halten darf man überall, solange die Bordsteine nicht rot markiert sind bzw. ein Hydrant oder eine Bushaltestelle am Rand ist. Fast immer ist dies dann eine sogenannte *tow-away zone*, d. h. Falschparker werden gnadenlos abgeschleppt. Ansonsten regelt die Beschilderung die mögliche Länge der Parkdauer und eventuell zu zahlende Kosten. In Downtown Orlando muss fast überall ein Parkschein aus dem Automaten gezogen werden und dafür braucht man viele Quarter (25-Cent-Münzen) oder (einfacher) eine Kreditkarte.

Ganz wichtig ist die Beachtung von **Schulbussen.** Stoppen sie am Straßenrand, zeigen sie entweder das Warnblinksignal und dürfen dann von hinten nicht überholt werden oder gar ein seitlich ausgeklapptes Stoppschild und dürfen dann aus keiner Fahrtrichtung passiert werden.

Muss man sich **nach dem Weg erkundigen**, fährt man am besten zu einem Motel, einer Tankstelle oder einem größeren Geschäft. Dies gilt vor allem für nächtliche Fahrten und wenn man in augenscheinlich heruntergekommenen Vierteln unterwegs ist. **Kleinkriminalität**, also Diebstahl, auch aus Fahrzeugen, ist eben stets und überall ein Thema.

Autos brauchen Kraftstoff, in Orlando ist das fast immer **Benzin**, das an Tankstellen überall zur Verfügung steht und zwar in den Sorten **Regular** (87 Octan), **Plus** (89 Octan) und **Premium** (92 Octan). Fast alle Mietwagen fahren mit dem vergleichsweise günstigen *Regular*. Im Normalfall muss man vor dem Tankvorgang an der Säule seine Kreditkarte eingeben (häufig wird nach dem *postal code*, der heimischen Postleitzahl, gefragt, die deutsche funktioniert, denn die ist auf der Karte codiert) oder man zahlt vorher an der Kasse *(prepay)*, d.h. man gibt entweder seine Kreditkarte ab oder hinterlässt eine gewisse Summe Bargeld. Dann erst schaltet der Kassierer die Säule frei. Nun entnimmt man die Zapfpistole, hebt den *nozzle* an (darin liegt die Zapfpistole) und dann startet das Betanken. Für all diesen Aufwand muss man aber nur wenig zahlen, denn im Sommer 2018 kostete die Gallone (ca. 4 Liter) unter 2,50 €!

Barrierefreies Reisen

Für Rollstuhlfahrer bietet sich Orlando durchaus als Reiseziel an. Die **Gehwege** sind z.T. abgesenkt, **Parkplätze** für Menschen mit Gehbehinderung stehen an vielen Stellen zur Verfügung. In den **Freizeitparks** gibt es spezielle Angebote. Fast alle **Hotels** sind auf Rollstuhlfahrer eingerichtet, zudem gibt es auch in Malls behindertengerechte Toiletten. Es gibt sogar eine zeitlich begrenzte Parkgenehmigung für behinderte Menschen (Temporary Disabled Parking Permit), die man beim Orange County (www.octaxcol.com) oder beim Osceola County Tax Collector's Office (www.osceolataxcollector.com/locations-hours.html) erhält. Die verschiedenen Büros sind auf den Websites aufgelistet. Neben einem ausgefüllten Antrag muss man die nationale Parkberechtigung, den Reisepass und manchmal auch ein ärztliches Attest (in jedem Fall ist es ratsam, ein solches mitzunehmen) vorlegen. Gegen eine Gebühr von $ 15 bekommt man dann die blaue Plakette, die drei Monate gültig ist. Angeblich reicht es den meisten Polizisten auch, wenn man die nationale Parkberechtigung für Behinderte gut sichtbar im Fahrzeug anbringt, aber im Zweifel kann die Polizei auch $ 250 für den Parkverstoß kassieren oder gar das Fahrzeug abschleppen. **Öffentliche Transportmittel** sind ebenfalls weitgehend rollstuhlgerecht (d.h. mit Rollstuhlrampen und Rollstuhlplätzen sowie Aufzügen in den Stationen), genaue Informationen bekommt man unter www.golynx.com.

Menschen mit Sehbehinderungen haben es in Orlando nicht unbedingt leicht. Zwar gibt es Haltestellen-Informationen in den Lynx-Bussen und auch akustische Signale bei grünen Fußgängerampeln, doch ist der Verkehr oft zu laut, um diese zu hören. Zudem dürfen Fahrzeuge fast überall auch bei roter Ampel rechts abbiegen. Die Disney-World-Parks bieten aber Audiogeräte für Sehbehinderte und Broschüren in Braille-Schrift an.

Diplomatische Vertretungen

In Deutschland, Österreich, Schweiz

- **Botschaft der Vereinigten Staaten von Amerika,** Clayallee 170, 14191 Berlin, Tel. 030 83050, https://de.usembassy.gov
- **Botschaft der Vereinigten Staaten von Amerika,** Boltzmanngasse 16, 1090 Wien, Tel. 01 313390, https://at.usembassy.gov
- **Botschaft der Vereinigten Staaten von Amerika,** Sulgeneckstrasse 19, 3007 Bern, Tel. 031 3577011, https://ch.usembassy.gov

In Orlando

- •106 [J7] **Honorarkonsulat der Bundesrepublik Deutschland,** Bank of America Building, 390 N Orange Ave., Suite 2200, Tel. 407-8432111, orlando@hk-diplo.de, Öffnungszeiten: nach Vereinbarung
- •107 **Honorarkonsulat der Republik Österreich,** 5782A S Semoran Blvd., Tel. 407-2458352, Öffnungszeiten: Di, Do 10–12 Uhr. Bei Passangelegenheiten sollte man zunächst die Botschaft in Washington verständigen (Tel. 202-8956700, www.austriaconsulate.org).
- •108 **Honorarkonsulat der Schweiz,** 1011 N Wymore Rd., Winter Park, Tel. 407-6453500, orlando@honrep.ch, Öffnungszeiten: nach Vereinbarung

Ein- und Ausreisebestimmungen

Für die **Einreise ohne Visum** (**Visa Waiver Program** für z.B. Staatsbürger von Deutschland, Österreich und der Schweiz bei einem Aufenthalt von max. 90 Tagen und Vorlage eines Rückflugtickets) benötigt man einen **Reisepass**, der mindestens für die Zeit des Aufenthalts gültig sein muss. Der Pass muss maschinenlesbar sein und biometrische Daten enthalten. Besitzt man nur einen vorläufigen Reisepass, besteht Visumspflicht. Kinder benötigen einen eigenen Reisepass.

Achtung! Hat man sich nach dem 1. März 2011 im Iran, Irak, Jemen oder Sudan, in Syrien, Libyen oder Somalia aufgehalten, sollte vor der Reise **Kontakt mit der US-Botschaft** im Heimatland aufgenommen werden, um gegebenenfalls ein US-Visum zu beantragen.

Spätestens 72 Stunden vor dem Abflug muss man sich **online bei den Behörden anmelden** und auf die Genehmigung zur visumfreien Einreise warten. Dazu muss man das sogenannte **ESTA-Formular** ausfüllen (https://esta.cbp.dhs.gov). Dabei muss man einige Fragen beantworten und den Abreise- und Zielort sowie die Flugnummer und eine Aufenthaltsadresse in den USA angeben (ist eine Rundreise geplant, reicht die erste Hoteladresse oder die Adresse der Mietwagenagentur).

Per Kreditkarte zahlt man dann die derzeit 14 $ Gebühr und bekommt meist wenige Minuten später eine Bestätigung. Die Genehmigung ist dann für zwei Jahre gültig, sofern sich an den Daten nichts ändert, was dann aber online aktualisiert werden kann.

Die Bestätigung druckt man aus und nimmt sie zu den Reisedokumenten.

Die **Fluglinien** müssen über jeden Passagier umfassende Informationen an die Heimatschutzbehörde (Homeland Security) melden, dazu gehören Kreditkarteninformationen, Mobiltelefonnummern und alle weiteren Details, die vorliegen.

Bei der Einreise bekommt man vom **Immigration Officer** (entweder als Person oder am Automaten/Kiosk) dann die Aufenthaltsgenehmigung für bis zu 90 Tage. Dazu muss man seine Fingerabdrücke einscannen lassen und es wird ein Foto gemacht.

Wegen der Angst vor neuen/weiteren Terrorangriffen herrschen an allen Flughäfen der USA **sehr strenge Regeln.** Die Behörden verstehen wenig Spaß, deshalb Sonnenbrille ab, freundlich auftreten (allerdings keine Witze reißen), keine Telefongespräche in der Warteschlange führen und keine Fotos oder Videoaufnahmen im Aufenthaltsbereich machen!

Airlines empfehlen, **bei der Ausreise etwa drei Stunden vor dem Abflug** am Flughafen zu sein. Dies ist den strengen Sicherheitsregeln geschuldet, die seit dem 11. September 2001 gelten. Beim Check-in am Schalter der Fluggesellschaft bekommt man Bordkarten und Gepäckscheine, danach geht es zum **Security Check.** Hier kann es dauern und auch der Hinweis auf den kurzen Zeitraum bis zum Abflug wird in aller Regel mit dem Satz „You might miss your flight, Sir". („Es kann sein, dass Sie Ihren Flug verpassen, mein Herr.") beantwortet.

In Orlando gibt es die sogenannten „Nacktscanner", die einer Duschkabine ähneln, alternativ auch noch die bekannten „Rahmen", durch die man gehen muss, um danach abgetastet zu werden. Zuvor gilt: Schuhe aus, Gürtel, Uhren, Jacken, Mützen/Hüte und Schmuck abnehmen und genau wie Laptops und Handgepäck separat scannen lassen.

Eventuell erfolgt dann noch ein Check per Hand, wenn die Maschine keine eindeutigen Ergebnisse zeigt, und manchmal werden auch noch Wischproben von Taschen genommen, um chemische Substanzen aufzuspüren. Kommt es zu einem (Probe-)Alarm am Security Point, heißt es meist nur knapp „freeze", was so viel wie „keine Bewegung" bedeutet. Dann gilt es, Ruhe zu bewahren und die Sicherheitsbeamten nicht anzusprechen (schon gar nicht mit vermeintlichen Witzen), denn die sind hochgradig angespannt. Manchmal gibt es am Gate noch weitere Kontrollen.

› **Weitere Infos** zu Ein-/Ausreise findet man unter www.cbp.gov/travel.

Einverständniserklärung für Minderjährige

Reisen Kinder nur mit einem Elternteil, kann sowohl bei der Ausreise als auch bei der Einreise eine **Einverständniserklärung des anderen Elternteils** erforderlich sein. Detailinformationen erhält man beim Auswärtigen Amt bzw. beim zuständigen Konsulat.

Zollbestimmungen

Kurz vor der Ankunft muss im Flugzeug eine **Zollerklärung** ausgefüllt werden, die pro Reisenden bzw. pro Familie gilt. Hier wird u.a. abgefragt, ob und in welchem Wert man Waren oder Geschenke in die USA einführt. Bis zu 100 $ ist dies abgabenfrei, das gilt genauso für alle Waren des persönlichen Gebrauchs, 200 Zigaretten, 50 Zigarren, 2 kg Tabak und bei Personen über 21 Jahre auch bis zu 1 Liter Spirituosen (eine Ausnahme bildet Absinth, der „Thujon-free" sein muss).

Landwirtschaftliche Produkte wie frisches Obst oder Gemüse, Samen und Pflanzen sowie Fleisch- und Wurstwaren unterliegen strengen **Quarantänebestimmungen**, d.h. sie dürfen nicht eingeführt werden. Häufig helfen Zollhunde beim Aufspüren solcher Waren. Der Sinn ist die Verhinderung des Einschleppens von Erregern oder Schädlingen aus anderen Teilen der Welt.

Bei **Medikamenten** in größeren Mengen empfiehlt es sich, ein ärztliches Attest mitzuführen, da die Einfuhr von Rauschmitteln strikt untersagt ist.

Bei der Rückreise nach Europa/in die Schweiz dürfen Waren für den persönlichen Gebrauch (über 15-Jährige) bis zu 430 € bzw. 300 SFr eingeführt werden. Weitere Details zu Einfuhrbestimmungen sind bei den Zollämtern bzw. auf deren Websites zu erfahren:

- **Deutschland:** www.zoll.de
- **Österreich:** www.bmf.gv.at
- **Schweiz:** www.ezv.admin.ch

Elektrizität

Die Stromspannung beträgt in den USA **110 Volt,** also müssen alle Elektrogeräte mit einer manuellen Umschaltmöglichkeit versehen sein bzw. sich automatisch umschalten (wie bei Ladegeräten von Telefonen und Kameras). Erkennbar ist dies an dem Aufdruck 110–230 V. Für die USA benötigt man außerdem einen **Steckeradapter.**

Film und Foto

Man mag es kaum glauben, aber es ist wahr. Für den gesamten Bereich der **Walt Disney World** 25 gilt ein **Veröffentlichungsverbot von Bildern,** was im Zeitalter der sozialen Medien bedeutet, dass man seine (Familien-)Fotos im Prinzip nicht auf irgendwelchen Seiten (vor allem kommerziell) online stellen darf. Bei der Vielzahl der Bilder, die mit Smartphones „geschossen" werden, mag man an der Durchsetzung zweifeln, gleichwohl gilt hier das Recht der Disney Studios.

Geldfragen

Die Währung in den USA ist der **US-Dollar** ($), der in 100 Cents unterteilt ist. Der Dollar wird in Scheinen in einer Stückelung zu $ 1, 5, 10, 20, 50 und 100 ausgegeben sowie in Münzen zu 1 Cent *(penny),* 5 Cents *(nickel),* 10 Cents *(dime)* oder 25 Cents *(quarter).*

Im Alltag benötigt man viele **quarter** (z.B. für Parkuhren, Automaten etc.) und Dollar-Scheine, allerdings in nicht zu großem Nennwert. So reichen in der Regel 1- bis 20-Dollar-Scheine, da größere Werte oft nicht gewechselt werden können.

Das gebräuchlichste Zahlungsmittel ist allerdings die **Kreditkarte.** Weit verbreitet sind American Express (AMEX), Visa und MasterCard. Egal, ob im Restaurant, beim Eintrittskartenkauf, an Tankstellen, in Ho-

Wechselkurse
Stand: Ende 2018
$ 1 = 0,86 €/0,99 SFr
1 € = $ 1,16
1 SFr = $ 1,00

Umsatzsteuer oder Sales Tax

Anders als in Deutschland werden alle Preise zunächst **ohne Umsatzsteuer angegeben** und erst **beim Bezahlen wird die Steuer addiert.** Sie beträgt in Florida zurzeit 6 %, jeder Verwaltungsbezirk kann dazu noch eigene *taxes* erheben. Ein Beispiel: Zu den 6 % Umsatzsteuer wird im Orange County bei Einkäufen (außer Lebensmitteln), Übernachtungen und in Restaurants eine weitere *sales tax* von 0,5 % addiert. In Kissimmee beträgt sie 1 %.

tels oder bei Autovermietern – ohne „Plastikgeld" läuft wenig. Bei Autovermietern sogar fast nichts, außer man kann z. T. hohe Kautionen hinterlegen. Selbst kleinste Beträge werden mit Kreditkarten gezahlt.

Wenn sie mit dem **Maestro-Logo** versehen ist, kann man auch in den USA mit seiner **Debit-/Giro-Karte** an kompatiblen ATMs (Geldautomaten, *automatic teller machines*) nach Eingabe der PIN Bargeld ziehen. Einige deutsche Banken (v. a. die Postbank) statten ihre Geldkarten allerdings nicht mehr mit der Maestro-, sondern der Bezahlfunktion **„V-Pay"** aus, bei der nicht der kopierbare Magnetstreifen, sondern der Chip gelesen wird. Das hat zur Folge, dass an Bankautomaten außerhalb der EU mit der V-Pay-Karte kein Geld gezogen werden kann, da die Automaten die Chips nicht lesen können.

› **Weitere Infos** unter www.vpay.de

Viele Banken sperren zudem die Debitkarten aus Sicherheitsgründen für den Einsatz im außereuropäischen Ausland oder beschränken den Verfügungsrahmen. Wer im Ausland mit seiner Debitkarte bezahlen oder Bargeld abheben möchte, sollte sich im Vorfeld bei seiner Bank erkundigen und die Karte **ggf. für das Reiseland freischalten** lassen.

Beim Abheben von Bargeld in Landeswährung wird manchmal angeboten, dass die Abrechnung mit dem eigenen Konto in Euro erfolgen kann. Das Verfahren ist als **Dynamic Currency Conversion (DCC)** bekannt. Wählt man diese Option, die ja sicherer erscheint, wird aber ein ungünstiger Wechselkurs zugrunde gelegt, der erhebliche Kosten verursachen kann. Deshalb sollte man Abhebungen immer in der Landeswährung vom eigenen Konto abbuchen lassen. Dann legt die eigene Bank den offiziellen Devisenkurs zugrunde.

Informationsquellen

Infostellen in der Stadt

Bei den offiziellen **Touristeninformationen** Orlandos erfährt man alles Wissenswerte zu Hotels, Sightseeing und Shopping und bekommt Stadtpläne, Broschüren und Restaurantempfehlungen. Zudem gibt es Informationen zu den öffentlichen Verkehrsmitteln.

- **109** [A14] **Visit Orlando,** 8102 International Drive, Tel. 001 407-3635872, www.visitorlando.com, geöffnet: tgl. 8–21 Uhr
- **110** [E10] **The Mall at Millenia Concierge Desk,** 4200 Conroy Rd., Tel. 001 407-3633555, geöffnet: Mo–Sa 10–21 Uhr, So 11–19 Uhr

Grundsätzlich gibt es aber auch noch verschiedene **kommerzielle Touristeninformationen**, bei denen man auch (vergünstigte) Tickets kaufen kann. Zusätzlich bekommt man in **Hotels** und **Motels** Broschüren und Stadtpläne und an der Rezeption hilft man einem mit vielen Tipps weiter. Im Bereich **Downtown** kann man sich zudem an das Downtown Information Center wenden.

111 [J8] **Downtown Information Center,** 201 S Orange Ave., Tel. 001 407-2544636, www.downtownorlando.com, geöffnet: Mo–Fr 10–17 Uhr

Orlando preiswert

- *Mit der **Eat&Play Card** bekommt man in vielen Restaurants, Geschäften und Attraktionen Vergünstigungen zwischen 10 und 50 %. Die Karte kostet $ 25 pro Person und ist nach dem ersten Einsatz 30 Tage lang und für bis zu vier Personen gültig (www.eatandplaycard.com).*
- ***Early Birds,** also recht früh zum Abendessen (vor 18 Uhr) erscheinende Gäste, bekommen in verschiedenen Restaurants günstigere Preise, während man an der Bar bei Drinks vor allem zur **Happy Hour** von preiswerten Getränken profitieren kann. Sparen kann man auch mit **Seniorenmenüs** oder **Kinderportionen,** die fast überall für jeden zu bekommen sind.*
- *In Hotels/Motels und vielen Restaurants findet man Displays mit Broschüren, Katalogen und Werbeflyern. Man sollte ruhig zugreifen, denn fast immer sind auch **Rabattaktionen und Coupons** dabei. Ob es nun nur eine Vergünstigung auf einen Eintrittspreis, ein Menü oder ein Extradrink ist, man wird fündig. Besonders lohnend sind die Coupons oder Flyer, mit denen man **Coupon Booklets für die Malls** bekommt. Damit bekommt man z. B. den gesamten Einkauf um 10 bis 50 % vergünstigt oder sie räumen ab einem bestimmten Warenwert Rabatte ein.*
- *Auf der Website **www.orlandoonthecheap.com** bekommt man Anregungen zu Vergünstigungen.*
- *Die Betten in den **Motels** sind in aller Regel so groß, dass man mit bis zu vier Erwachsenen in einem Zimmer wohnen kann. Allerdings sollte man vorher nachfragen. Der Preis wird stets für das Zimmer berechnet.*
- *In den Unterkünften von **Hampton Inn** (s. S. 123) gibt es täglich ein im Zimmerpreis enthaltenes Frühstück: Hier kann man sich auch Bagel, Joghurt oder Ähnliches für den Tag mitnehmen. Zudem werden bis ca. 9.30 Uhr Tüten bereitgestellt, die Äpfel, Wasser und Müsliriegel enthalten. Diese Packs sind für Hausgäste, die ohne Frühstück aufbrechen müssen, man kann sie aber auch als Snack für den Tag nutzen.*
- *Wer nur einen Eindruck von Disney/Universal Studios bekommen, sich den teuren Eintritt und die Fahrgeschäfte aber sparen möchte, kann **Disney Springs** (s. S. 70) oder den **Universal CityWalk** (s. S. 24) besuchen. Allerdings gibt es hier keine größeren Attraktionen. In manchen Nachtklubs am CityWalk und bei besonderen Veranstaltungen in Klubs in Disney Springs wird eine „cover charge" erhoben. Man kann aber auch einen **Party Pass** für den Universal CityWalk kaufen (ab $ 6), der den Eintritt zu den Klubs ermöglicht (www.orlandofuntickets.com, „Theme Parks"/„Universal Orlando"/„Universal CityWalk").*

Orlando im Internet

- **www.visitorlando.com:** Die Website des offiziellen Fremdenverkehrsverbands bietet stets aktuelle Informationen zu allen Attraktionen, Unterkünften, Restaurants und Shoppingmöglichkeiten.
- **www.downtownorlando.com:** viele Informationen rund um Downtown
- **www.cityofwinterpark.org:** offizielle Website von Winter Park. Hier bekommt man alle notwendigen Infos zum Ort und den Besichtigungsmöglichkeiten.
- **www.experiencekissimmee.com:** Infos zu allen Attraktionen im Bereich von Kissimmee
- **www.visitflorida.com:** die offizielle Website für ganz Florida, einschließlich Orlando
- **www.orlando.com/nightlife:** aktuelle Infos zum Nachtleben in und um Orlando, z. T. für die ganze Familie
- **www.407area.com/nightlife:** die Seite mit Infos zum Ausgehen in Bars und Klubs

Informationsbroschüren gibt es in jedem Hotel

Publikationen und Medien

- **Stadtpläne, Broschüren über Unterkünfte, Restaurants, Shopping und Sightseeing** gibt es in Displays von Hotels, Restaurants und bei den Touristeninformationen.
- **Visit Orlando – Official Visitors Guide.** Dieses über 200 Seiten starke Heft wird regelmäßig von den Touristeninformationen herausgegeben.
- **I-Drive.** Die Broschüre gibt Tipps zu Restaurants, Nightlife und Sightseeing rund um den International Drive. Man bekommt sie in Hotels und bei den Touristeninformationen.
- **Where – Orlando.** Informatives Heft (vor allem zu Lifestyle, Restaurants und Nightlife), das man in Hotels und im Zeitschriftenhandel bekommt.
- **Time out Orlando.** Hier bekommt man im monatlichen Rhythmus Informationen zu angesagten Restaurants, Nightlifespots und vieles mehr.
- In den meisten Hotels/Motels liegen im Bereich der Lobby täglich ein oder mehrere **aktuelle englischsprachige Tageszeitungen** aus. Bei verschiedenen Hotels gehört es auch zum Service, den Gäs-

ten Tageszeitungen auf das Zimmer zu liefern. Dabei handelt es sich aber fast immer um die USA Today.

Smartphone-Apps

- **Visit Orlando Destination App:** die offizielle App von Visit Orlando mit interaktiven Karten, Infos zu Hotels, Events und Sights sowie der Option, Tickets zu kaufen etc. (für Android und iOS, gratis)
- **My Disney Experience:** die offizielle App für den gesamten Walt-Disney-Bereich mit Karten und allen notwendigen Informationen, aktuellen Wartezeiten, Restaurant-Reservierungen, einem Filter nach Beschränkungen hinsichtlich Größe/Gewicht bei Fahrgeschäften sowie Ticketkauf (für Android und iOS, gratis)
- **SeaWorld Discovery Guide:** die offizielle App für Sea World und Discovery Cove mit Karten und allen notwendigen Informationen über die Shows und den Kauf der Tickets (für Android und iOS, gratis)
- **Universal Orlando Resort The Official App** (für Android) bzw. **Universal Orlando** (für iOS): die offizielle Gratis-App für den gesamten Bereich der Universal Studios mit interaktiven Karten und allen notwendigen Informationen, z. B. zu Wartezeiten an den Attraktionen, einer Favoritenliste für den Park sowie Ticket-Kauf-Option.
- **Legoland Florida – Official:** Mit der App kann man den Tag planen, Wartezeiten überprüfen, auf interaktiven Karten die individuelle Route skizzieren, Erinnerungen für Shows einstellen und bekommt aktuellste Infos direkt auf das Smartphone (für Android und iOS, gratis)
- **Orlando ParkIN':** Diese App hilft dabei, Parkplätze zu finden (für iOS, gratis).
- **Orlando MCO Airport (Android)** bzw. **Orlando MCO (iOS):** die offizielle App des Flughafens mit allen Infos rund um den Airport, also auch Shopping und Gastronomie (gratis)
- **City Guides by Where Traveler:** Diese App des Where-Magazins bietet stets aktuellste Infos zu allen wichtigen Details der Stadt (für iOS, gratis).
- **VisitorTips:** Mit der App, die optisch wie ein Display mit Broschüren aufgebaut ist, kann man auf eine Vielzahl von Rabattcoupons zugreifen (für Android und iOS, gratis). Dies ist auch unter www.visitortips.com/usa/fl/orlando möglich.

Unsere Literaturtipps

- *David Kirby,* ***Death at Sea World: Shamu and the dark side of killer whales in captivity*** *(Griffin Publishing, 2013). Eine Auseinandersetzung mit dem Thema „Killerwale in Gefangenschaft“ und den Gefahren, die dies auch für Menschen bedeutet.*
- *Richard E. Foglesong,* ***Married to the Mouse – Walt Disney World and Orlando*** *(Yale University Press, 2001). Das Leben, die Kreativität und die Visionen von Walt Disney werden hier sehr facettenreich und detailgetreu dargestellt.*
- *Jilliane Hoffmann,* ***Insomnia*** *(Wunderlich Verlag, 2016). Spannender Krimi um den FBI-Ermittler Bobby Dees, der in Florida einen Serienkiller jagt. Zuletzt hatte der sogenannte „Hammermann“ in Orlando zugeschlagen. Der Thriller ist umso spannender, weil die Autorin selbst in Florida lebt und früher dort Staatsanwältin war. Alle juristischen und geografischen Details sind so genau dargestellt, dass man meint, in der Geschichte zu sein.*

Internet

In fast allen **Hotels/Motels** hat man WLAN-Zugang, oft vom Zimmer aus, manchmal nur aus der Lobby, wo dann auch Computer (meist mit Drucker) bereitstehen. Viele **Restaurants** und **Coffeestores** bieten ebenfalls Gratis-WLAN an, darunter vor allem Denny's und Starbucks, sodass man auch in der Nähe der jeweiligen Filialen diese Verbindung nutzen kann

LGBT+

Als Mitglied der LGBT+ Community ist man in Orlando gern gesehen. Unter www.visitorlando.com/lgbtq erhält man Tipps zu Sightseeing, Nightlife, Restaurants und Hotels.

- **www.gayorlando.com:** Internetseite für Schwule und Lesben, die über Events, Restaurants, Bars und Klubs sowie das alltägliche Leben in der LGBT+ Community vor Ort informiert.

112 [K6] **The LGBT+ Center Orlando (The Center),** 946 N Mills Ave., Tel. 407-2288272, www.thecenterorlando.org. Die Organisation (kurz: The Center) kümmert sich seit über 40 Jahren um alle Belange der Community.

113 **Parliament House** $$, 410 N Orange Blossom Trail, Tel. 407-4257571, www.parliamenthouse.com. Bekannt für tolle Partys. Überwiegend für Männer. Abends gibt es Partys und Shows sowie amerikanische Küche im Rainbow Café. Es werden ab $ 69 auch Zimmer vermietet. Zur Anlage gehört ein Pool im Innenhof.

114 [M8] **Southern Nights Orlando,** 375 S Bumby Ave., Tel. 407-4125039, www.facebook.com/SouthernNightsOrlando, geöffnet: Di–Sa 21–2.30, Mi ab 22 Uhr, gemischtes Publikum. Toller Klub zum Feiern und Tanzen bei aktueller Musik.

115 **Stonewall Bar,** 741 Church St., Tel. 407-3730888, www.stonewallorlando.com, geöffnet: Mo–Fr 11–2, Sa/So ab 12 Uhr. Bar und Tanzklub mit Liveauftritten, gemischtes Publikum.

Maße und Gewichte

Längen

- 1 inch (in) — 2,54 cm
- 1 foot (ft) — 30,48 cm
- 1 yard (yd) (= 3 feet) — 0,91 m
- 1 mile (= 1760 yards) — 1,61 km

Flächen

- 1 square inch — 6,45 cm²
- 1 square feet — 929 cm²
- 1 square yard — 0,84 m²
- 1 acre — 4046,80 m² (0,405 ha)
- 1 square mile (= 640 acres) — 2,59 km²

Hohlmaße

- 1 pint — 0,47 l
- 1 quart (= 2 pints) — 0,95 l
- 1 gallon (= 4 quarts) — 3,79 l

Gewichte

- 1 ounce (oz) — 28,35 g
- 1 pound (= 16 ounces) — 453,59 g

Temperaturen

Umrechnungsschlüssel:
(Grad Fahrenheit – 32) x 0,56 = Grad Celsius, z. B.:

23 Grad F	-5 Grad C
32 Grad F	0 Grad C
50 Grad F	10 Grad C
60 Grad F	15 Grad C
70 Grad F	21 Grad C

Konfektionsgrößen

Herren

Deutsche Bekleidungsgrößen (z. B. 50) minus 10 ergibt amerikanische Größe (40)

› **Herrenhemden**

D	36	37	38	39	40/41	42	43
USA	14	14,5	15	15,5	16	16,5	17

› **Herrenschuhe**

D	39	40	41	42	43	44	45
USA	6,5	7/7,5	8	8,5/9	9,5	10/10,5	11/11,5

Damen

D	36	38	40	42	44	46
USA	6	8	10	12	14	16

› **Damenschuhe**

D	36	37	38	39	40	41	42
USA	6	6,5/7	7,5/8	8,5	9	9,5	10

Kinder

D	98	104	110	116	122
USA	3	4	5	6	6x

› **Kinderschuhe**

D	23	24	25	26	27	28	29	30	31	32	33
USA	6,5	7,5	8,5	9,5	10,5	11,5	12,5	13	1	1,5/2	2,5

Medizinische Versorgung

Ärztliche Untersuchungen oder **Behandlungen** sind bar (oder per Kreditkarte) zu zahlen und teuer. Um vor hohen Kosten geschützt zu sein, sollte man daher vor der Reise eine **Auslandsreisekrankenversicherung** abschließen. Mit der Rechnung des Arztes inklusive Diagnose und Behandlung bekommt man dann sein Geld erstattet.

Wenn man einen Arzt konsultieren muss, kann man sich im Hotel erkundigen oder man fragt beim Apotheker nach. Ansonsten helfen einem die im Folgenden aufgelisteten Ärzte und Krankenhäuser weiter.

Niedergelassene deutschsprachige Ärzte

✚116 **Dr. Michael R. Gebauer,** Hunt Club Medical Care, 3191 E Semoran Blvd., Apopka, Tel. 407-7886500. Allgemeinmedizin.

Krankenhäuser

✚117 **Dr. Phillips Centra Care,** 8014 Conroy-Windermere Rd., #104, Tel. 407-2919960, www.centracare.org. Nördlich der Stadt, nahe dem Turnpike.

✚118 [A16] **Dr. P. Phillips Hospital,** 9400 Turkey Lake Rd., Tel. 4073518500, www.orlandohealth.com/facilities/dr-p-phillips-hospital. Großes Krankenhaus westlich des Convention Center am International Drive.

- **119 Premium Medical Clinic,** 12211 Regency Village Dr., Tel. 407-2123060, www.internationaldriveorlando.com. Kinderklinik in unmittelbarer Nähe des Premium Outlet International Drive.
- **120 Sand Lake Centra Care,** 2301 Sand Lake Rd., Tel. 407-8516478, www.centracare.org. Krankenhaus im Süden der Stadt, nahe dem Turnpike.

Apotheken

Große Supermärkte verfügen genau wie Drugstore-Ketten über **pharmacies**, also Apotheken, in denen man rezeptpflichtige Medikamente bekommt. **Rezeptfreie Arzneimittel** gibt es im Supermarktregal. Aber Achtung: Erstens sind die Wirkstoffe nicht immer mit den europäischen identisch, manchmal ist auch die Dosierung unterschiedlich und dann gibt es Präparate, die in den USA einer Verschreibungspflicht unterliegen, obwohl sie in Deutschland frei verkäuflich sind.

EXTRAINFO

Sonnenöl und Co.

Im Sunshine State scheint – nomen est omen – häufig die Sonne. Das lieben die Menschen, gerade deshalb kommen sie hierher und dann gibt es schon in den ersten Tagen (z. B. beim Anstehen in der Schlange in den Freizeitparks) manchmal einen bösen **Sonnenbrand,** weil man nicht aufgepasst hat oder der **Sonnenschutz** zu gering war. Also bitte immer daran denken, sich entsprechend einzucremen.

Benötigte Medikamente sollte man in ausreichender Menge mitführen. Handelt es sich um Psychopharmaka o. Ä., ist eine englischsprachige Bescheinigung des Arztes ratsam, um keine Probleme bei Kontrollen bzw. der Einreise zu bekommen.

Drugstores sind vor allem auf Arzneimittel und Drogerieartikel spezialisiert, führen aber auch verschiedene Lebensmittel, Kosmetik, Schreibwaren und manchmal sogar Kleidung. Als besonderes Schmankerl haben sie oft rund um die Uhr geöffnet und besitzen oft einen *drive-thru.* Bei anderen sind die Öffnungszeiten in der Regel zwischen 7/8 bis 20/22 Uhr, wobei die eigentliche Apotheke im Drugstore (oft im hinteren Bereich) eher schließt und auch an Sonntagen nicht immer geöffnet ist.

Wenn man etwas dringend benötigt, sollte man im Internet die nächstgelegene *pharmacy* und ihre Öffnungszeiten recherchieren (www.walgreens.com oder www.cvs.com, Letztere ist leider nicht von Deutschland aus erreichbar). **Walgreens** ist im Großraum Orlando mit einigen Dutzend Filialen vertreten, von denen sich einige auch in touristischen Bereichen befinden. Die Kette **CVS Pharmacy** hat im Großraum Orlando über 20 Filialen.

- **121 CVS,** 10701 International Dr., Tel. 407-3550929, geöffnet: 24 Stunden
- **122** [B14] **Walgreens,** 8021 International Dr., Tel 407-3527071, geöffnet: 24 Stunden

Amphibienfahrzeuge in Disney Springs (s. S. 70)

Mit Kindern unterwegs

Orlando ist für eine Reise mit Kindern ein optimales Ziel. Die Amerikaner sind **kinderfreundlich**, was man z. B. an Selbstverständlichkeiten wie Hochstühlen, Kinderspeisekarten und Spiel- oder Beschäftigungsmaterialien in Restaurants erkennt. Bei **T-Rex** gibt es zudem rund ums Essen ein großes Spektakel. Man fühlt sich wie in Jurassic Park, umgeben von prähistorischen Wesen aller Art. Vom „Himmel" kommt immer mal wieder ein Sternenregen, der namensgebende T-Rex brüllt und überall gibt es Neues zu entdecken. Damit ist das Restaurant ein El Dorado für Familien mit (kleineren) Kindern – bei entsprechender Geräuschkulisse.

123 T-REX $-$$$, 676 E Buena Vista Dr., Disney Springs, Lake Buena Vista, Tel. 407-8288739, www.trexcafe.com, geöffnet: tgl. 11–23, Fr bis 24 Uhr. Am frühen Abend muss man oft lange anstehen, um einen Tisch zu bekommen.

In größeren Geschäften oder Malls kann man eigens für Familien mit Kindern entworfene Einkaufswagen finden, die z. B. wie Delfine aussehen, in denen man sitzen kann, sodass die Kleinen nicht lange laufen müssen und auch der Spaßfaktor dazukommt. **Kinderbekleidung** gibt es in vielen Geschäften und es gibt auch schon niedliche Sachen für sehr wenig Geld. **Spielwaren** kann man bei großen Ketten kaufen. In **Supermärkten** gibt es alle „Ausrüstungsgegenstände", also Windeln, Tücher, Schnuller und was man sonst brauchen könnte.

Kinder haben Spaß am **Pool** des Hotels oder in einem der **Wasserparks** wie Discovery Cove 12, Aquatica 13, Typhoon Lagoon (s. S. 41), Blizzard Beach (s. S. 41) und Volcano Bay (s. S. 23), denn hier gibt es auch sensationelle Rutschen, künstliche Sandstrände und vieles mehr. Grundsätzlich sollte man bei der Auswahl aber auf das Alter von Kindern achten, denn etliche Rutschen haben Altersbegrenzungen, sodass man dies mit jüngeren Kindern nicht nutzen kann.

Am **Walt Disney World Resort** 25 kommt man mit Kindern natürlich

kaum vorbei und kann hier auch den einen oder anderen Tag verbringen. **Universal Studios** ❶ und **Sea World** ⓫ sind dann durchaus auch noch etwas für Jugendliche (die Märchenwelt von Disney World kann nicht mehr alle Teenager in ihren Bann ziehen). **Wonderworks** ❿ oder bei **Ripley's Believe it or not** ❺ sind für alle interessant, die Skurriles mögen oder Spaß am Ausprobieren haben. Und eine Tour mit dem Airboat, das Wandern über dem Sumpf und die Fütterung von Alligatoren im **Wild Florida** ㉝ ist dann natürlich wieder ein Highlight für alle.

Etwa 45 Minuten südlich von Orlando befindet sich das El Dorado vor allem für kleinere Kinder – **Legoland.** Vieles ist hier aus Lego (wenn auch z.T. überdimensioniert), man kann die klassischen Figuren von Lego und Duplo treffen (ganz neu sind die Ninjago-Figuren) und natürlich gibt es auch zahlreiche Fahrgeschäfte, Rutschen bzw. Wasserrutschen sowie 3D-animierte Filme.

★124 **Legoland Florida Resort,** 1 Legoland Way, Winter Haven, Tel. 888-6905346, www.legoland.com/florida, geöffnet: Mo–Fr 10–18 Uhr, Sa/So bis 19 Uhr, Eintritt: ab $ 74,99/Tagesticket

Minigolf

•125 [B15] **Pirate's Cove Adventure Golf,** 8501 International Dr., Tel. 407-3527378, www.piratescove.net/orlando, geöffnet: tgl. 9–23.30 Uhr. Der sehr hübsch angelegte Minigolfplatz bietet vor allem fantasiereiche Momente für Familien mit Kindern, denn einzelne Greens befinden sich auf Schiffen, andere in abenteuerlichen Gebäuden, in jedem Fall ist man inmitten üppigen Grüns.

•126 [D12] **Putting Edge Glow-In-The-Dark Mini Golf,** 5250 International Dr., Tel. 407-2480700, www.puttingedge.com, geöffnet: tgl. 14–22, Fr/Sa bis 24 Uhr. Auch „nur" eine Minigolfanlage, aber was für eine, man spielt nämlich indoor. Die ganze Anlage ist mit Leuchtfarben bemalt und wird mit Schwarzlicht bestrahlt, sodass sich faszinierende Effekte einstellen.

056or-ho

Snoopy, der Astronaut, begrüßt Besucher im Kennedy Space Center ㉚

Notarztwagen sind in den USA nicht zu übersehen – und vor allem nicht zu überhören

Notfälle

Notrufnummern

- **Polizei/Feuerwehr/Notarzt:** Tel. 911
- **Highway Patrol** (von Notruftelefonen am Straßenrand oder Mobiltelefon): *FHP (*347)

Polizei

- **127** **Orlando Police Department Headquarters,** 1250 West South St., Tel. 407-2462470, www.cityoforlando.net/police
- **128** [C12] **Orlando Police – International Drive Team,** 6731 S Kirkman Rd., Tel. 407-2463727
- **Allgemeine Rufnummer** (keine Notfallnummer): Tel. 407-2462470

In den einzelnen Stadtteilen gibt es weitere Polizeistationen, alternativ kann man sich an Polizisten in Streifenwagen wenden.

Kartensperrung

Bei Verlust der **Debit-/Giro-, Kredit-** oder **SIM-Karte** gibt es für Kartensperrungen eine **deutsche Zentralnummer** (unbedingt vor der Reise klären, ob die eigene Bank bzw. der jeweilige Mobilfunkanbieter diesem Notrufsystem angeschlossen ist). Aber Achtung: Mit der telefonischen Sperrung sind die Bezahlkarten zwar für die Bezahlung/Geldabhebung mit der PIN gesperrt, nicht jedoch für das **Lastschriftverfahren mit Unterschrift.** Man sollte daher auf jeden Fall den Verlust zusätzlich bei der Polizei **zur Anzeige bringen,** um gegebenenfalls auftretende Ansprüche zurückweisen zu können.

In **Österreich** und der **Schweiz** gibt es keine zentrale Sperrnummer, daher sollten sich Besitzer von in diesen Ländern ausgestellten Debit- oder Kreditkarten vor der Abreise bei ihrem Kreditinstitut über den zuständigen Sperrnotruf informieren.

057or-ho

Generell sollte man sich immer **die wichtigsten Daten** wie Kartennummer und Ausstellungsdatum **separat notieren,** da diese unter Umständen abgefragt werden.

- **Deutscher Sperrnotruf** (von den USA aus): Tel. 011-49-116116 oder Tel. 011-49-3040504050
- **Weitere Infos:** www.kartensicherheit.de, www.sperr-notruf.de

Öffnungszeiten

Es gibt **keine festgelegten Ladenschlusszeiten.** Was einerseits ein Glück für Verbraucher ist, entwickelt sich aber auch ganz schnell zum Fluch, wenn man etwas sucht und möglicherweise vor verschlossenen Türen steht, obwohl Geschäfte oder Einrichtungen grundsätzlich auch zu diesen Zeiten geöffnet haben könnten.

Kernzeiten sind:

- **Ämter:** Mo–Fr 8.30–17 Uhr
- **Apotheken:** Mo–Fr 9–19 Uhr, in Supermärkten auch bis 21 Uhr, als Drugstore tgl. 24 Stunden
- **Banken:** Mo–Fr 9–17 Uhr, einzelne Banken Sa 8–12 Uhr
- **Post:** Mo–Fr 9–17 Uhr, Sa 9–12 Uhr (gilt nicht für alle Postfilialen)
- **Geschäfte:** Mo–Sa 10–22 Uhr, So 12–18 Uhr

Post

Postkarten und Briefmarken bekommt man in Souvenirshops, das **Porto** nach Europa kostet $ 1,15. Normalerweise muss man mit Transportzeiten von einer Woche rechnen. **Pakete** brauchen etwa sechs Wochen. Für sie muss eine Zollerklärung abgegeben werden, die sämtliche Inhalte aufführt und dann zur Verzollung im Empfängerland führt. Einfuhrfreimengen gelten nur bei direkter Einfuhr im Gepäck des Reisenden.

Will man **Post empfangen**, muss nach dem Namen des Adressaten in der Anschrift zunächst die Hausnummer angegeben werden, dann erst die Straße, gefolgt von der Stadt, gefolgt vom Kürzel des Staates und dem *zip code* (Postleitzahl).

✉**129** [C12] **USPS**, 5419 International Dr., Orlando, FL 32819, Tel. 407-3543939, www.usps.com, geöffnet: Mo–Fr 9–14 Uhr, 14.30–17 Uhr

Der Sheriff war nicht nur im „Wilden Westen" der Hüter des Gesetzes, er ist es auch heute noch

Radfahren

In Orlando könnte man im Prinzip gut mit dem Rad fahren, denn an vielen Stellen gibt es breite Seitenstreifen an den Straßen, doch auf etlichen verbindungstechnisch günstigen Verkehrswegen ist Radfahren nicht gestattet. Außerdem ist das Gebiet, das man erkunden kann, sehr groß und zumindest in den Sommermonaten ist es sehr heiß. Wolkenbruchartige Regenfälle gehören ebenfalls täglich dazu.

Es gibt aber einige Anbieter, die Fahrräder verleihen und diese z. T. auch zum Hotel liefern. Sie machen auch Tourenvorschläge bzw. organisieren Touren (West Orange Trail Bikes & Blades, auch mehrtägig).

S130 **Elite Road Bike Rentals,** Tel. 407-9005783, www.elitebikerentals.com, Bürozeiten: Mo–Fr 9–18, Sa ab 10, So 11–16 Uhr, Auslieferung: Mo–Fr 19–23, Sa 16–21, So 12–14 Uhr. Hier wird nur online oder telefonisch gebucht und zum gewünschten Termin zum Hotel geliefert.

S131 **West Orange Trail Bikes & Blades,** 17914 SR 438, Winter Garden, Tel. 407-8770600, www.orlandobikerental.com, geöffnet: Mo–Fr 9–17, Sa/So 7.30–17 Uhr. Räder kosten $ 7 (Stunde), $ 30 (Tag), $ 99 (Woche). Die Lieferung erfolgt zum Hotel.

Sicherheit

Wie in jeder Großstadt gibt es auch in Orlando Risiken. Sie entstehen auch dadurch, dass Armut und Reichtum hier auf vergleichsweise engem Raum zusammenkommen. So gilt Orlando als eher unsichere Stadt. Der National Crime Data Neighborhood Scout vergibt anhand der unterschiedlichen Straftaten, die in einem

Gebiet begangen werden, einen sogenannten Crime Index, der im Fall von Orlando bei „3“ liegt (zum Vergleich: „100“ wäre sehr sicher!). Damit ist Orlando nur sicherer als 3 % der US-amerikanischen Städte. 2017 gab es 17.149 Verbrechen, von denen allerdings 14.800 unter der Rubrik „property“ (also Eigentumsdelikte wie Raub, Diebstahl und Autodiebstahl) fielen und „nur“ 2349 unter die Rubrik „violent“ (also Gewaltverbrechen).

Meist hat man als Tourist keine Probleme, aber wie überall gilt die Devise, **niemals zu sorglos unterwegs zu sein.** Wo entsprechend viele Menschen zusammenkommen, ist ein Diebstahl einfacher. Hinzukommt, dass Menschen in Feierlaune meist weniger achtsam sind (vor allem nach Alkoholgenuss) und im Urlaub auch gern mal Wertgegenstände ungesichert im Fahrzeug zurücklassen – ein El Dorado für Diebe.

Wenn Alkohol im Spiel ist, kann es auch schon einmal zu **(körperlichen) Auseinandersetzungen** kommen und auch **Schießereien** mit Verletzten und Toten kommen leider vor und werden z.T. medienwirksam ausgeschlachtet. Doch sind in aller Regel Gegenden betroffen, die von Touristen nicht besucht werden. Leider fahren **öffentliche Busse** auf ihren Routen auch durch Stadtviertel, die nicht zu den sichersten zählen, sodass es ratsam ist, Busse nur im Kurzstreckenverkehr z.B. innerhalb von Downtown oder rund um den International Drive zu nutzen und dann am besten tagsüber.

Probleme kann man vermeiden, wenn man grundsätzlich umsichtig handelt. Dazu ein paar **Regeln:** Niemals die Zimmertür öffnen, wenn man nicht weiß, wer anklopft. Im Auto immer die Türen von innen verriegeln und die Fenster am besten geschlossen halten. Abends und nachts möglichst nur in gut besuchten und beleuchteten Gegenden unterwegs sein – dies gilt auch für noch so romantische Parks. Sollte es in oder vor Klubs/Bars laut werden, hält man sich besser zurück und ruft im Zweifel die Polizei (s. S. 113). Sie kommt in aller Regel recht schnell.

Gefahren drohen aber nicht nur durch Straftaten, auch der **Straßenverkehr** birgt Risiken. Das Florida Department of Highway Safety and Motor Vehicles (DHSMV) konstatierte bis Mitte September 2017 etwa 259.000 Autounfälle in Gesamtflorida, davon entfielen auf Orlando allein etwa 32.000, eine enorme Zahl. Dies liegt auch daran, dass in der Stadt sehr viele Urlauber mit Mietwagen unterwegs sind. Sie sind das Fahrzeug nicht gewohnt, kennen z.T. nicht alle Verkehrsregeln und kennen sich nicht aus. Als Regel im Straßenverkehr gilt: Stets das Unerwartete erwarten!

058or-ho

Eine weitere Gefahr geht von **Alligatoren** aus. 2016 wurde z. B. ein zweijähriges Kind im Disney Resort im nur 30 cm tiefen Wasser gepackt und unter Wasser gezogen. Das Kind konnte später nur tot geborgen werden. Natürlich hatte hier ein Schild „Baden verboten“ gewarnt, aber nicht vor Alligatoren! Diese gibt es hier aber nun einmal überall, manchmal auch in Graslandschaften. Mittlerweile warnen sogar verschiedenen Malls mit hübsch angelegten Wasserlandschaften vor dem Betreten der Rasenflächen, denn dort können sich die Tiere sonnen. Sie lauern zwar nicht auf Menschen als Beute, sind aber schnell gereizt und können im Zweifel extrem „ungehalten“ werden. Dummerweise können sie dann auch noch sehr schnell laufen und mit ihren Kiefern fest zupacken. Fünf Meter sind der Mindestsicherheitsabstand zu diesen Tieren und sich dem Ufer von Gewässern zu nähern, die keine ausgewiesenen Badegewässer sind, sollte unbedingt unterbleiben.

In Florida leben auch diverse **Schlangenarten**, bei denen man immer davon ausgehen sollte, dass sie giftig sind (vor allem Klapperschlangen). Man sollte daher unwegsames, grasbewachsenes Gelände entweder meiden oder dort ganz besonders vorsichtig gehen und sich nicht ins Gras oder auf umgestürzte Baumstämme setzen.

Aber nun bitte **keine übertriebene Angst.** Man kann zwar davon ausgehen, während der Reise mal einen Alligator zu sehen, doch Schlangen, Spinnen oder Skorpione sind in aller Regel nur denjenigen vorbehalten, die speziell danach suchen.

Sollte es zu einer **Hurricane-Warnung** kommen, muss man die Anweisungen der Behörden beachten!

Sport und Erholung

Sollte man einmal nicht mit den Attraktionen ausgelastet sein, kann man in Orlando und Umgebung den verschiedensten Sportarten frönen oder sich anderweitig erholen. Je nach Talent oder Interesse kann man zum Beispiel zwischen diversen **Golf- und Minigolf-Angeboten** wählen. Wobei es natürlich auch auf das Budget ankommt, denn obwohl Golf hier durchaus ein Breitensport ist und in vielen Hotels angeboten wird, sollte man sich vorher über mögliche *green fees* und das notwendige Handicap erkundigen.

Zahlreiche Veranstalter bieten **Bootstouren** mit Airboats (z. B. Wild Florida 33), aber auch mit Ponton-Booten (z. B. Scenic Boat Tours, s. S. 118) oder Kanus an, die man z. T. auch allein für Touren mieten kann. Diese Touren finden dann entweder auf den Gewässern in der Umgebung oder auch schon mal im Bereich der Golfküste statt, sodass man Delfine und/oder Manatees (Seekühe) beobachten kann. Einige dieser Anbieter haben auch Angeltouren im Programm (z. B. Indian River Queen, www.indianriverqueen.com, und Island Boat Lines, www.islandboatlines.com).

Wanderungen kann man vor allem außerhalb des Großraums Orlando unternehmen. Da bietet sich z. B. der Naturpark des **Circle B Bar Reserve** 32 an. Alligatoren, Wasservögel, Greife, manchmal Schlangen, vor allem aber eine beeindruckende Flora verlocken zu stundenlangen Erkundungen.

Andere Wanderwege *(trails)* kann man im Internet gut unter www.floridahikes.com/orlando ansehen, auswählen und dann ablaufen.

Wer es aufregender mag, kann **klettern** oder sich an sogenannten **Ziplines** (z. B. im Gatorland ㉖ oder bei Zip Orlando, www.ziporlando.com) abseilen bzw. von Bäumen/Türmen heruntersausen.

Natürlich gehören auch **Schwimmen** und **Sonnenbaden** zu den beliebten Freizeitaktivitäten. Das kann einerseits am Pool des Hotels sein, denn nahezu alle Unterkünfte verfügen über einen Outdoor-Pool, ungleich attraktiver sind aber die großen **Wasserparks.** Grundsätzlich muss an allen Pools korrekte Badebekleidung getragen werden, was für Männer klassische Badeshorts bedeutet, denn Badehosen in Slipform führen in den USA eher zu Irritation und Naserümpfen. Frauen tragen eher Badeanzug als Bikini, in jedem Fall aber nicht zu knapp und schon gar nicht *topless,* also „oben ohne“.

Sprache

Orlando befindet sich in den USA, also ist **Englisch** die Alltagssprache. Oft trifft man aber bei Servicekräften im Hotel und manchmal auch beim Personal von Tankstellen oder an Supermarktkassen auf Menschen aus Lateinamerika, die häufig genug nur **Spanisch** sprechen. Wer also neben Englisch auch noch ein paar Brocken Spanisch spricht, hat keine Probleme zu erwarten.

059or-ho

Wenn man mit ortskundigen Guides unterwegs ist, erfährt man viel Spannendes und Unterhaltsames

Stadttouren

Stadttouren im eigentlichen Sinne gibt es in Downtown und Winter Garden.

› **American Ghost Adventures,** 129 W Church St., 3rd Floor, Tel. 407-2566225, www.americanghostadventures.com. Bei den etwa 2-stündigen, interaktiven Geistertouren ($ 30) erwarten den Gast gruselige und spannende Geschichten. Zudem kann man mit speziellen Detektoren selbst Geister jagen. Wer auf Gehaltvolles steht, sollte die knapp 3-stündige Pub-Tour buchen, auf der man ebenfalls viel Geheimnisvolles erlebt ($ 30, Mindestalter 21 Jahre).

› **Downtown Orlando Partnership,** 100 S Eola Dr., Suite 200, Tel. 407-2283891, www.doporlando.com. Downtown Orlando Partnership bietet regelmäßig unterschiedliche Touren an. Samstags findet zwischen 10.30 und 12.30 Uhr die Downtown Gallery Tour statt. Geschulte Guides führen zu bekannten

EXTRATIPP

Ballonfahrt

Ein ganz besonderes Erlebnis: Mit dem Heißluftballon schon vor Sonnenaufgang aus dem taunassen Gras aufsteigen und in absoluter Stille über Wiesen, Wälder und Sümpfe zu gleiten, macht **Orlando Balloon Rides** möglich. Je zwei Personen stehen im Korb in einem eigenen Bereich, sodass man gute Sicht in alle Richtungen hat und die Piloten können tolle Geschichten über die Gegend und den Flug zum Besten geben. Allerdings sind die Flüge sehr witterungsabhängig, sodass man zumindest in den Sommermonaten durchaus mit dem Absagen und Vertagen der Tour rechnen muss.

Das Gras, auf dem gestartet wird ist morgens sehr nass und am Landepunkt kann es feucht sein, sodass leicht trocknende und strapazierfähige Schuhe ideal sind. Eine Jacke/ein Pullover ist für den Morgen ebenfalls ratsam, dazu Sonnenschutz für später. Wer ganz sicher gehen will, hat wasserdichte Verpackungen für Kamera und Mobiltelefon dabei, falls es eine Wasserlandung gibt.

› **Orlando Balloon Rides,** 44294 US 27, Davenport, Tel. 407-4808703, www.orlandoballoonrides.com, Preise: ab $ 160 (Erwachsene) bzw. ab $ 99 (Kinder)

und neuen Galerien ($ 20). Wenn man mag, kann man danach die Downtown Orlando Food Tour (Sa 14–16 Uhr, $ 40) buchen und erfährt Wissenswertes über die Küchen der Stadt. Die Verkostung zahlreicher Proben gehört natürlich dazu. Und wer dann immer noch mag, kann ab 18.30 Uhr die Crafty Cocktail Tour buchen, tolle Bars entdecken und sich noch bessere Drinks servieren lassen (Sa 18.30–20 Uhr, $ 40).

› **Downtown Historic Tour,** Downtown Orlando Information Center, S Orange Ave., Suite 102, Tel. 407-2463789, www.cityoforlando.net. Informative, etwa 90-minütige Stadtführung, die zwischen Oktober und Mai jeden ersten Freitag im Monat stattfindet. Beginn 9.30 Uhr, gratis, ein Trinkgeld wird aber erwartet.
› **See Art Walking Tour,** www.downtownorlando.com/visitors/tours-downtown. Unter dem Link bekommt man eine Tour zu interessanten Kunstwerken im Bereich Downtown und kann sie selbstständig ablaufen, die Informationen und den Stadtplan gibt es auf das Handy.
› **Winter Park Scenic Boat Tour,** 312 E Morse Blvd., Winter Park, Tel. 407-6444056, www.scenicboattours.com, Touren tgl. 10–16 Uhr, $ 14. Bei den Touren mit dem Pontonboot befährt man die Seen und Kanäle (Achtung! Manchmal muss man den Kopf einziehen!) im Ort Winter Park und bekommt einen ganz neuen Blick auf die Bauwerke und Geschichte des Ortes.

Telefonieren

Wie zu Hause telefoniert auch in Orlando jeder ständig mit seinem Smartphone oder ist damit im Internet unterwegs. Benutzer von Mobiltelefonen, die auf Englisch übrigens nicht „handy“ (das bedeutet „geschickt“ oder „praktisch“), sondern **mobile phone** bzw. *cellphone/cellular phone* heißen, werden sich hier wohlfühlen. Doch das gilt nur, wenn man über ein gut gefülltes Konto verfügt, denn bei deutschen Anbietern entstehen hohe **Roaminggebühren,** wenn man sein Mobiltelefon in den USA nutzt. Und das gilt auch, wenn man nur Anrufe/SMS erhält.

Wer nicht auf das Mobiltelefon verzichten mag, sollte die **Mailbox ausschalten** und vor der Reise bei seinem Netzbetreiber Informationen über evtl. günstigere **Auslandsdatenpakete** einholen oder zur Sicherheit die Mobile-Daten-Option deaktivieren und nur über **kostenlose WLAN-Netze** ins Internet gehen.

In den USA gilt anstatt des 900/1800-MHz-Standards der US-Standard 1900 MHz, d.h. nur **Tri-band- oder Quadband-Geräte** können betrieben werden (Smartphones sind das aber in der Regel).

Gehört man zu den Vieltelefonierern, kann es sich lohnen, in den USA eine **Prepaidkarte** zu kaufen. Die bekommt man z.B. bei den Anbietern AT&T, T-Mobile oder Verizon. Allerdings funktionieren sie nur in SIM-lock-freien Geräten. Die Karten kosten je nach Tarif um die $65, mit denen man dann ca. 30 Minuten (nach Übersee) telefonieren kann. Zu ähnlichen Tarifen kann man auch ein Set aus Karte und einfachem Mobiltelefon kaufen. Dazu kommt dann noch eine Telefonoption für Anrufe nach Übersee. Manchmal kann die Freischaltung der Karte mehrere Tage dauern.

Einfacher und billiger sind Telefonate von einem der **öffentlichen Fernsprecher**, die man in Hotels, Restaurants, an Tankstellen und Supermärkten findet. Hier benötigt man Kleingeld oder eine Telefonkarte (erhältlich an Tankstellen, in Supermärkten) die dann mittels eines Zugangscodes günstige Verbindungen ermöglicht. Von Hotelzimmern aus kommen zum Telefonat stets hohe Gebühren hinzu.

Preiswerter bzw. kostenlos ist **Skype**, die Telefonie über das Internet. Dazu benötigt man ein Laptop oder ein Mobiltelefon mit WLAN (WiFi). Entweder kommuniziert man dann zu einem anderen Computer (kostenlos) oder ruft Festnetz- oder Mobiltelefonnummern an. **WhatsApp-Nutzer** können auch die Anruffunktion dieses Dienstes nutzen, um kostenlos zu telefonieren.

Für Gespräche **vom Ausland in die USA** wählt man die **Landesvorwahl 001** und dann die vollständige Rufnummer inklusive des dreistelligen **area codes.** Für **Ferngespräche innerhalb der USA** muss man die **1** und dann ebenfalls die vollständige Rufnummer inklusive area code wählen. Meist erfährt man zuerst per Computerstimme die Gebühren. Man kann auch bei Telefonaten zunächst die „0" wählen, dann erreicht man den **Operator** (Vermittlung), der bei Problemen hilft. Für **Telefonate innerhalb Orlandos** muss man vom Festnetz die Vorwahl (407) nicht wählen, mit dem Mobiltelefon allerdings doch.

Informationstelefonnummern beginnen meist mit 800, 866, 877 oder 888 und sind gebührenfrei. Oft werden Rufnummern nicht als Ziffernfolge, sondern als Text angegeben, d.h. jedem Buchstaben ist eine Ziffer von 2 bis 9 zugeordnet (2 – ABC, 3 – DEF, 4 – GHI, 5 – JKL, 6 – MNO, 7 – PQRS, 8 – TUV, 9 – WXYZ). So lautet die Rufnummer des Legoland Florida Resort z.B. 877-350LEGO, also: 5346).

Vorwahlen

- **Deutschland:** 01149
- **Österreich:** 01143
- **Schweiz:** 01141
- **USA:** 001
- **Orlando:** 407
- **Miami:** 305

Uhrzeit

Orlando liegt im Bereich der **Eastern Standard Time (EST),** die der Mitteleuropäischen Zeit (MEZ) um 6 Stunden „hinterherhinkt". Vom letzten Sonntag im März bis zum letzten Sonntag im November wird auf **Sommerzeit** *(daylight saving time, DST)* umgestellt. Alle Uhrzeiten werden im **12-Stunden-Rhythmus** angegeben, bei dem die Buchstaben „a.m." (ante meridiem, vor Mittag) und „p.m." (post meridiem, nach Mittag) die Tageshälfte angeben. „1 a.m." bedeutet also 1 Uhr morgens, während „1 p.m." für 13 Uhr steht. Bei **Datumsangaben** wird zunächst der Monat genannt, dann der Tag, abschließend das Jahr.

Unterkunft

Unterkünfte gibt es in und um Orlando viele, aber sie sind auch sehr unterschiedlich. Letzteres gilt vor allem für den Preis und den damit verbundenen Service, die Lage und die Sauberkeit. Zum Zimmerpreis wird beim Check-out noch eine **State Tax** von 6,5 % und eine **County Tax** von 5,99 % addiert.

Grundsätzlich kann man die Unterkünfte in vier Kategorien einteilen: **Hotels** finden sich in Downtown, Winter Park und z. T. am International Drive. **Resorts** (oder **Resort Hotels**) sind große Ferienanlagen, die zu den großen Freizeitparks gehören. **Motels** sind fast mit Hotels identisch, liegen aber verkehrsgünstig an Interstates oder US Highways, sodass sie ideal für ein oder zwei Übernachtungen sind. Hier wohnt, wer auch etwas weitere Strecken fahren kann, man bekommt dafür aber auch günstigere Preise. **Hostels** sind kleinere und vor allem sehr preiswerte Unterkünfte (www.hostels.com). Sie sind eine Mischung aus Jugendherberge und einfachem Hotel. Hier übernachten vornehmlich jüngere Menschen. Allerdings sind sie im Raum Orlando eher selten.

Ideal ist es, zumindest für die erste Nacht schon von daheim ein Zimmer zu buchen, um sich nicht direkt dem Stress der Hotelsuche aussetzen zu müssen. Ab der Folgenacht ist es dann vom jeweiligen Typ abhängig, ob man sich ein preiswerteres oder besseres Zimmer sucht oder bleibt.

Wer sparen möchte, sucht vor Ort, am besten mit einem Gutschein-

heft von **Roomsaver** (erhältlich z.B. bei Restaurants der Kette Denny's, s.S.61), über dessen Coupon-System man sehr günstige Zimmerraten bekommt, auch bei sonst recht teuren Häusern. Alternativ kann man einige der Zimmer auch über **www.hotelcoupons.com** buchen. Man sollte aber immer beim Check-in fragen, für wie viele Nächte man den Sonderpreis bekommen kann!

Fast immer sind die **Zimmer** großzügig. Häufig unterscheidet man zwischen den Kategorien „King Size", also mit einem großen, sehr breiten Bett, und „Double" mit zwei sogenannten Queen-Size-Betten, in denen dann auch (vollkommen legal) vier Personen schlafen können. Bekommt man ein „Twin"-Zimmer angeboten, deutet dies auf zwei Einzelbetten hin.

Will man mehr Platz, bucht man eine **Suite** mit einem (one bedroom) oder mehreren Schlafzimmer(n) (z.B. two bedroom). Fast alle Zimmer sind in ihrer Grundausstattung identisch, d.h. Bett, Nachtschrank, Schreibtisch, Fernseher, Beistelltisch, Kaffeemaschine, Bad mit Dusche (oder Wanne), Toilette und Waschbecken, das in einfacheren Motels oft in einer abgeteilten Ecke des Zimmers untergebracht ist.

Motels

Günstig reist, wer nicht in den teuren Hotels oder Resorts, sondern in Motels wohnt. Hier hat man zudem den Vorteil, stets einen **Parkplatz** für den Mietwagen zu bekommen (meist kostenlos), während Hotels/Resorts oft horrende Preise fürs Parken verlangen. Motels kann man bezüglich ihrer jeweiligen Ausstattung (vor allem das Bett und das Bad sind hier relevant), des Services und der Preise grob in drei Gruppen einteilen.

Wenn es nur um den **Preis** geht, sind die Motels der einfachen Kategorie auf den ersten Blick wirklich unschlagbar, allerdings muss man hier das zusätzliche Frühstück einkalkulieren. Bei mehreren Personen kommt man dabei leicht auf $ 20 und muss noch ein Lokal zu finden. Etliche Gruppen der mittleren und gehobenen Klasse haben zudem **Kundenprogramme**, in denen man für die Übernachtung Punkte sammelt. Zumindest für Menschen, die öfter reisen, kann sich das lohnen, da die Mitgliedschaft kostenlos ist und man ab einer bestimmten Punktezahl bzw. bestimmten Übernachtungszahlen Gratisnächte bekommt. Alternativ kann man die Punkte z.B. auch zu einigen Mietwagenagenturen übertragen.

Einfache Motels

Zu dieser Gruppe gehören die Häuser von **Motel 6** (www.motel6.com), **Days Inn** (www.daysinn.com), **Super 8** (www.wyndhamhotels.com) und **TraveLodge** (www.travelodge.com). Bei ihnen gibt es große Zimmer, die im Prinzip allen Ansprüchen genügen. Sie besitzen einen Pool und bieten manchmal auch gegen Aufpreis ein Frühstück. Oft befindet sich auf dem Gelände des Motels auch ein Coffeeshop oder ein Diner bzw. Fast-Food-Restaurant. In puncto Sauberkeit sollte man allerdings nicht allzu große Ansprüche stellen, dafür sind Zimmer hier mit etwa 60 bis 80 $ sehr günstig (zumal hier dann bis zu vier Personen schlafen können).

◁ *In Orlandos Motels/Hotels fühlt man sich stets willkommen*

EXTRATIPP

Hampton Inns

Die Hampton Inns gehören zur Hotelgruppe Hilton. Ist man Mitglied bei **Hilton HHonors** (kostenlos, z. B. über www.hilton.com), bekommt man pro Aufenthalt in einem der Häuser einen sogenannten „Stay" gutgeschrieben. Je häufiger man hier wohnt, desto mehr zusätzliche Privilegien genießt man (z. B. Early Check-in, Late Check-out, Zimmerupgrade). Ist man einmal nicht zufrieden, greift die sogenannte „100 % Satisfaction Guarantee": Wenn man den Grund der Unzufriedenheit mitteilt, ist die Übernachtung gratis!

Von diesen Hotels gibt es im Großraum von Orlando über 20, sodass man eigentlich stets ein Zimmer finden kann.

Mittelklasse

Zu dieser Gruppe gehören Häuser von **Best Western** (www.bestwestern.com), **Comfort Inn** (www.comfortinn.com), **Econo Lodge** (www.econolodge.com), **Holiday Inn** (www.ihg.com/holidayinn/hotels), **Howard Johnson** (www.hojo.com), **Ramada** (www.wyndhamhotels.com) und **Sleep Inn** (www.sleepinn.com). Die Anlagen sind häufig etwas kleiner und machen einen familiäreren Eindruck. Ein Continental Breakfast ist fast immer im Preis enthalten, sodass man morgens Toast, Marmelade, Cerealien, Kaffee/Tee, Saft und/oder Obst und manchmal auch Ei und Schinken bekommt. Man kann in diesen Häusern schon für $ 60 ein Zimmer bekommen, in der Regel sollte man aber mit etwa $ 70 bis 90 rechnen (auch hier sind die Zimmer meist groß genug für vier Personen).

Gehobene Klasse

Zu dieser Gruppe gehören z. B. Häuser von **Hampton Inn** (www.hamptoninn.hilton.com), **Marriot** (www.marriot.com) und **Radisson** (www.radisson.com). Sie alle sind schon mehr Hotels als Motels, jedenfalls was die gemütliche Ausstattung der Zimmer und den Service angeht. Hier gehört neben dem Pool auch ein Fitnesscenter zum Haus. In aller Regel gibt es in den Zimmern auch einen Kühlschrank und oft eine Mikrowelle. Im Preis, der ab ca. $ 85 beginnt, aber auch leicht $ 180 betragen kann, ist auf jeden Fall ein „Hot Breakfast" enthalten, d. h. neben dem Continental Breakfast gibt es Ei, Kartoffeln o. Ä., Schinken, Burger, Obst, Joghurt und Haferflocken (das gibt es jeweils für das Zimmer, d. h. auch wenn man mit vier Personen hier wohnt, ist das Frühstück für jeden Gast im Preis enthalten).

Empfehlenswerte Unterkünfte

132 [J8] **Aloft Orlando Downtown** $$$$$, 500 S Orange Ave., Tel. 407-3803500, www.starwoodhotels.com. **Sehr schick und stylisch.** Downtown-Hotel, mitten im Zentrum, mit hübschem Pool.

133 [A15] **Avanti Resort** $$, 8738 International Drive, Tel. 407-3130100, www.avantiresort.com. **Zentral, modern, kinderfreundlich.** Frisch renovier-

Preiskategorien

Die Preiskategorien beziehen sich auf ein Doppelzimmer inklusive Frühstück.

$	bis 70 $
$$	70–110 $
$$$	110–150 $
$$$$	150–200 $
$$$$$	über 200 $

tes, modernes Resort mit schick eingerichteten Zimmern und großzügiger Poolanlage.

134 [B15] **Castle Hotel, Autograph Collection** $$$$, 8629 International Drive, Tel. 407-3451511, www.marriott.de/hotels/travel/mcoca-castle-hotel-autograph-collection/. **Tolles, schlossartiges Gebäude** mit moderner, eleganter Ausstattung, sehr schicken Zimmern, schöner Poolanlage und guter Lage am International Drive.

135 **Clarion Inn Lake Buena Vista** $$, 8442 Palm Pkwy, Tel. 407-9967300, www.choicehotels.com. **Ideal für Familien.** Mittelklassemotel mit großem Pool. Kinder bis 9 Jahre essen im Restaurant gratis. Es gibt einen kostenlosen Shuttle zu verschiedenen Parks.

136 [C13] **Days Inn Orlando International Drive** $, 5858 International Drive, Tel. 407-5368949, www.wyndhamhotels.com. **Zentrale Lage.** Am nördlichen Ende des International Drive gelegen, bietet das Motel einfach eingerichtete Zimmer und einen hübschen Pool.

137 **Flamingo Waterpark Resort** $, 2261 E Irlo Bronson Memorial Hwy, Kissimmee, Tel. 407-8462221, www.flamingowaterpark.com. **Absolut kinderfreundlich.** Im großen Wasserpark gibt es ausgelassenen Spaß für die ganze Familie, der große Pool daneben verspricht etwas mehr Ruhe. Die Zimmer sind groß und freundlich.

138 [C13] **Hampton Inn near Universal Blv/International Dr** $$, 7110 S Kirkman Rd., Tel. 407-3451112, www.hamptoninn3.hilton.com. **Gute Lage,** kostenloses Frühstück, guter Service, ein Pool und saubere Zimmer in einem frisch renovierten Hotel. Zimmer gibt es schon ab $ 78!

139 [B15] **Hampton Inn Orlando-International Drive/Convention Center** $$, 8900 Universal Blvd., Tel. 407-3544447, www.hamptoninn3.hilton.com. **Ideale Lage** an einer Parallelstraße des International Drive, der fußläufig erreichbar ist. Kostenloses Frühstück und sehr gut ausgestattete Zimmer sowie ein kleiner Pool.

140 **Liki Tiki Village** $$$, 17777 Bali Blvd., Tel. 407-3625583, www.diamondresortandhotels.com. **Urlaubsfeeling pur.** Großzügige Hotelanlage im polynesischen Stil mit Apartments mit ein oder zwei Schlafzimmern, Küche und Bad mit Whirlpool. Außer einem Pool gibt es eine Badelandschaft für Kinder, Tennisplätze und einen Minigolfplatz.

141 **Palm Lakefront Resort** $, 4840 W Irlo Bronson Memorial Hwy, Kissimmee, Tel. 407-4801321, www.palmlakefrontresort.com. **Unschlagbar günstig.** Dieses kleine Resort verfügt über einfach ausgestattete Zimmer (meist mit Etagenbetten) und einen Pool. Es ist etwas in die Jahre gekommen, dafür bekommt man ein Zimmer schon um die $ 20.

142 [A16] **Rosen Inn at Pointe Orlando** $$, 9000 International Drive,

EXTRAINFO

Buchungsportale

Neben Buchungsportalen für **Hotels** (z. B. www.booking.com, www.hrs.de oder www.trivago.de) bzw. für **Hostels** (z. B. www.hostelworld.de oder www.hostelbookers.de) gibt es auch Anbieter, bei denen man **Privatunterkünfte** buchen kann. Portale wie www.airbnb.de, www.wimdu.de oder www.9flats.com vermitteln Wohnungen, Zimmer oder auch nur einen Schlafplatz auf einer Couch. Diese oft recht günstigen Übernachtungsmöglichkeiten sind nicht unumstritten, weil manchmal normale Wohnungen gewerblich missbraucht werden. Einige Städte greifen deshalb regulierend ein.

Tel. 407-9968585, www.roseninn9000.com. **Sehr zentral.** Die Zimmer sind zwar recht klein, aber gut ausgestattet. Das Hotel verfügt über mehrere Pools und Restaurants.

143 Summer Bay Resort $$$, 17805 W Irlo Bronson Memorial Hwy, Tel. 352-2421100, www.exploriaresorts.com/destinations/summer-bay-orlando. **Großzügige, moderne Apartments** für 4–8 Personen, eine hübsche Außenanlage mit kleinem Strand, See zum Jetskifahren u. a., tolle Pools und Shuttlebus zu den Parks.

144 [B13] **The Enclave Hotel & Suites** $$, 6165 Carrier Drive, Tel. 407-3511155, www.enclavesuites.com. **Großzügiges Wohnkonzept.** Nahe den Universal Studios befindet sich dieses Apartmentgebäude mit Zimmern und Suiten, alle mit Kitchenette und Balkon. Neben einem großen Outdoor-Pool gibt es auch einen Indoor-Pool für kühlere Tage, Gratisfrühstück und einen Shuttleservice zu den Universal Studios.

Verhaltenstipps

- Ein Schild mit der Aufschrift **„No shirt, no shoes, no service"** weist darauf hin, dass man in Bars, Geschäften oder Restaurants nur bedient wird, wenn man angemessen gekleidet ist!
- **Oben ohne** *(topless)* **zu baden** ist ein Tabu. Komplett nackt zu baden, kann harte Strafen nach sich ziehen.
- **Trinkgelder** *(tips, gratuity)* sind in den USA ein elementarer Bestandteil des Einkommens der Mitarbeiter. Ca. 15 % bis 18 % des Rechnungsbetrags gelten in **Restaurants** oder **Taxis** als üblich. Die Summe wird entweder bar auf den Tisch gelegt oder auf dem Kreditkartenbeleg zur Summe (die Belege enthalten eine Extrazeile) addiert. Im Restaurant kein Trinkgeld zu geben, gilt als unhöflich, sollte also auch nur dann passieren, wenn man wirklich unzufrieden war. Dann muss man aber darauf achten, bei einer Kartenzahlung unbedingt die „tipp"-Spalte zu streichen, damit nicht später noch etwas eingetragen und abgebucht wird (kommt es dennoch dazu, kann man anhand des Original-Belegs sein Geld vom Kreditkartenunternehmen zurückfordern). **Zimmermädchen** *(maid)*, **Pagen** *(bellboy)* und **Parkwächter** *(parking attendant)* bekommen pro Tag, Gepäckstück bzw. Serviceleistung einen oder zwei Dollar.

Verkehrsmittel

Eins gleich vorweg: Orlando ist die **Stadt der Selbstfahrer.** Dies liegt zum einen an den Distanzen, die man zwischen den einzelnen Stadtteilen/Attraktionen zurücklegen muss, und zum anderen an dem vergleichsweise mageren Angebot im Bereich der öffentlichen Verkehrsmittel.

Aktuelle Informationen rund um das Thema „Transport" bekommt man auf der Seite www.visitorlando.com unter dem Punkt „Transportation" (englisch, wenn man die Seite vor Ort aufruft) bzw. „Reiseplanung/Transportmöglichkeiten" (deutsch, von daheim aufgerufen). Hier sind u. a. alle Unternehmen (von Mietwagenagenturen bis zu Busunternehmen) gelistet, die den Personentransport im Großraum Orlando möglich machen.

Busse

In Orlando gibt es das Busunternehmen **Lynx**, dessen Busse mit dem Pfotenabdruck-Logo zum Beispiel zwischen dem Internationalen Flughafen und Downtown bzw. dem I-Drive oder Florida Mall/Seaworld verkehren.

Die Busse von Lynx fahren aber grundsätzlich im gesamten Großraum von Orlando, sind saubere und sichere Beförderungsmittel und zudem preisgünstig ($ 2/Fahrt, gilt vom Beginn der Fahrt bis zur Endpunkt, Umsteigen inklusive). Die Fahrer können nicht wechseln, sodass man die exakte Summe bereithalten muss. Möchte man häufiger fahren, lohnt der sogenannte **All Day Pass** ($ 4,50), der zwischen 4 Uhr morgens und 3 Uhr am Folgetag gilt. (Wenn man den Bus noch häufiger nutzen will, kauft man am besten online unter www.lynx.com den **7-Day-Pass** ($ 16) oder den **30-Day-Pass** ($ 50). Alle Mehrtagespässe werden beim Kauf mit Datum gestempelt und müssen beim Einsteigen dem Fahrer gezeigt werden).

Man sollte schon ein paar Minute vor der Abfahrt an der **Haltestelle** sein, denn die Fahrer halten nur dann, wenn Personen an der Haltestelle stehen oder ein Fahrgast über Knopfdruck signalisiert, aussteigen zu wollen. Die folgenden Haltestellen werden im Bus angesagt bzw. angezeigt, sodass man rechtzeitig das Signal geben kann.

Auf der Firmenwebsite findet man das komplette Streckennetz und die Abfahrts- sowie Ankunftszeiten zum Download. Hilfreich ist zudem die App **LYNX BUS TRACKER** mit Infos zum Bussystem, zu Haltestellen, Abfahrts- und Ankunftszeiten (für Android und iOS, gratis).

Allerdings muss man erwähnen, dass diese Busse bei Touristen recht unbeliebt sind, da sie lange brauchen, denn oft nutzen sie keine Highways (um Wohnviertel an das System anzubinden) und fahren so zusätzliche Strecken durch Gegenden, die uninteressant sind bzw. nicht zu den sichersten gehören (dazu zählt auch – zumindest nachts – die zentrale Busstation Downtown).

Wenn man in **Downtown** mit dem Bus fahren möchte (obwohl man den gesamten Bereich auch gut zu Fuß erkunden kann), kann man auch die kostenlosen **Lymmo-Busse** (Busse und Haltestellen sind entsprechend beschriftet und farblich markiert) nutzen, deren vier Linien (Orange Line, Orange Line North Quarter, Lime Line, Grapefruit Line) das gesamte Stadtgebiet befahren. Sie verkehren zu den Geschäftszeiten alle 5 Minuten und außerhalb der Geschäftszeiten alle 10 Minuten (Mo–Do 6–22.45,

EXTRAINFO

Schlechtwetterfahrten

Busse fahren nicht bei Windgeschwindigkeiten über 35 mph (also etwa 56 km/h) bzw. falls Straßen nach Regenfällen überflutet sind.

061or-ho

▷ *Fahrten mit dem Lymmo-Bus sind preisgünstig*

Fr bis 24, Sa 10–24, So 10–22 Uhr). Die Busse halten an den Haltestellen, an denen jemand aussteigen möchte bzw. an denen jemand steht. Das Streckennetz kann man unter www.golynx.com/plan-trip/riding-lynx/lymmo einsehen.

Im gesamten touristischen Bereich des **International Drive** fährt der **I-RIDE Trolley,** eine Art farbenprächtiger Nostalgiebus. Auf der Green Line und der Red Line fahren die Busse im 20-Minuten-Rhythmus (tgl. zwischen 8 und 22.30 Uhr) und kosten $ 2 für die einfache Fahrt (exakte Barzahlung ist notwendig). Alternativ kann man den One Day Pass ($ 5), den Three Day Pass ($ 7), den Five Day Pass ($ 9), den Seven Day Pass ($ 12) oder den Fourteen Day Pass ($ 18) kaufen (erhältlich nur online und an verschiedenen Verkaufsstellen, die man unter www.iridetrolley.com/passes.asp abrufen kann).

› **I-RIDE Trolley,** Tel. 407-2489590, www.IRideTrolley.com

Bahn

Für größere Distanzen im Gebiet rund um Orlando kann man auch die Züge von **SunRail** nutzen. Sie fahren zwischen DeBary (Volusia County, nördlich von Orlando) und der Station Sand Lake Road auf derzeit 32 Meilen (mit 12 Stationen). Ab Anfang 2019 sollen weitere Stationen im Norden und Süden eröffnen, auch in Kissimmee. Die Züge fahren täglich zwischen 5.06 Uhr und 22.20 Uhr, alle Stationen und die Ankunfts- sowie Abfahrtszeiten kann man unter www.sunrail.com einsehen.

Bei den **Tickets** kann man zwischen One Way (Einzelfahrt) und dem günstigeren Return Trip (Hin- und Rückfahrt) wählen. Ein One-Way-Ticket kostet für eine Zone $ 2, für zwei Zonen $ 3 bzw. für drei Zonen $ 4, das Return-Trip-Ticket schlägt mit $ 3,75 bis $ 7,50 zu Buche.

Will man häufiger fahren, lohnt der SunCard Pass, der für 7 Tage ($ 17–34), 30 Tage ($ 56–112) oder 365 Tage ($ 560–1120) gilt. Alternativ kann man auch eine Prepaid SunCard für One-Way-Fahrten kaufen, die dann eine Ersparnis von etwa 10 %/Fahrt ermöglicht. Tickets bekommt man entweder an Automaten am Bahnhof oder am Service Point, an den Bahnsteigen gibt es dann sog. Ticket-Validator-Maschinen, an die man das Ticket vor Beginn und nach Ende der Fahrt hält und es so entwertet.

Hinzu kommt der Transport mit Taxi oder Bus zum jeweiligen Bahnhof. In der Nähe des I-Drive also mit dem Lynx Bus 111 von/bis zur Station Sand Lake Road ([B14], nur Mo–Fr, schräg gegenüber von Mango's Tropical Cafe, s. S. 62).

Taxi

Taxis fahren im Großraum Orlando überall. Während es bei Fahrten vom Flughafen keine Flatrates geben darf, gilt dies für Fahrten im Stadtgebiet nicht. Der Startpreis beträgt, wenn man nach Taxameter fährt, $ 2,82, jeder gefahrene Kilometer kostet etwa $ 1,55, jede Warteminute (z. B. Ampel, Stau) kostet $ 0,45.

› **Ace Metro/Luxury Cab,** Tel. 407-8551111
› **Diamond Cab Company,** Tel. 407-5233333
› **Quick Cab,** Tel. 407-4471444
› **Star Taxi,** Tel. 407-8579999
› **Town & Country Transport,** Tel. 407-8283035
› **Mears Taxi Yellow/City Cab,** Tel. 407-4222222

Wetter und Reisezeit

In Orlando ist es ganzjährig warm bis sehr warm, sodass man die Region eigentlich immer bereisen kann. In den Sommermonaten regnet es statistisch gesehen fast 50 % der Tage für ungefähr eine Stunde. Danach scheint wieder die Sonne. Die Temperaturen können auf bis zu 36 °C hinaufgehen.

Florida und damit auch Orlando werden mit **Sonne** und **hohen Temperaturen** gleichgesetzt, was auch den Werbebegriff „Sunshine State" erklärt – und der Slogan stimmt. Obwohl Orlando noch nördlich des nördlichen Wendekreises und damit außerhalb der Tropen liegt, ist das Klima hier durch **feuchte Wärme** geprägt und die Temperaturen sinken selten unter 18 °C (im Dezember kann es auch schon einmal Temperaturen um den Gefrierpunkt geben). Man spricht hier von warm-gemäßigtem oder subtropischem Klima.

Es gibt eigentlich nur zwei Jahreszeiten: den milden Winter, dessen Durchschnittstemperaturen von 15 °C (November–März) empfindliche Menschen zumindest bei Wind allerdings schon am Bad im Pool (nicht jeder ist beheizt) hindern können, und den schwül-heißen Sommer, der mit Temperaturen deutlich über 30 °C aufwartet und bis zu 14 Regentage hat.

Orlando ist ein Ganzjahresziel, als **Hauptreisezeit** gelten aber die Monate zwischen Oktober und April (mit durchschnittlich vier Regentagen trockenster Monat). Im Oktober ist es noch sehr warm, im Dezember und Januar kühl und trocken und im März schon wieder angenehm warm.

Während es zwischen Oktober und April mit nur etwa vier bis acht Regentagen vergleichsweise trocken ist, nimmt die **Regenwahrscheinlichkeit** im Sommer stark zu, oft begleitet von heftigsten Gewittern. Zudem ziehen von Juni bis November Tropenstürme über den Staat, die sich auch zu einem **Hurricane** entwickeln und auch Orlando streifen können.

Die meisten **Touristen** kommen aufgrund der angenehmeren Temperaturen zwischen Oktober und April. Das führt aber zu vergleichsweise hohen Preisen in Hotels und häufig sehr langen Wartezeiten an beliebten Attraktionen und vor allem in den Freizeitparks.

Wenn man Hitze und hohe Luftfeuchtigkeit gut ertragen kann, sollte man daher auf die **europäischen Sommermonate** ausweichen. Dann sind weniger Urlauber unterwegs, die (Hotel-)Preise sind niedriger und man kann überall problemlos ein Zimmer bekommen. Allerdings regnet es dann auch häufiger, was eine gute Planung des Besuchs von Attraktionen notwendig macht.

Hurricanes

Während ein tropischer Sturm Windgeschwindigkeiten von bis zu 118 km/h erreicht, muss ein Hurricane mindestens **Orkanstärke** haben (ab 119 km/h Windgeschwindigkeit). Damit entfaltet sich eine immens zerstörerische Kraft. Ein solcher Sturm hat ein Ausmaß von bis zu 500 km und ca. 15 km Höhe. Die Luft kreist gegen den Uhrzeigersinn um ein 30 km großes Zentrum, das **Auge des Sturms**. In diesem Auge sinkt die Luft bei einem Druck von nur noch 880 hPa (Hektopascal) zu Boden. Solche Stürme können über dem Meer entstehen, wenn die Wassertemperatur mindestens 26 °C beträgt und die Luft darüber langsam an Temperatur verliert. Je größer das Gebiet, desto gleichmäßiger baut sich der Sturm auf. Dies allerdings muss etwa 600 km von Äquator entfernt geschehen, damit die Luftmassen für die Rotation sorgen können. Diese Bedingungen herrschen z.B. über dem Atlantik, sodass hier alljährlich tropische Stürme entstehen, die dann zum Hurricane anwachsen können und in der Karibik oder den Südstaaten der USA „an Land gehen".

In Florida muss man mit Hurricanes immer **zwischen dem 1. Juni und dem 30. November** rechnen. Aktuelle Informationen gibt es dann bei allen TV-Sendern und im Internet beim **National Hurricane Center:** www.nhc.noaa.gov. Kommt es zur Hurricane-Warnung, bekommt man in seinem Hotel Anweisungen, an Straßen stehen überall Hinweisschilder, wie man zum nächstgelegenen Hurricane Shelter, also einem sicheren Unterstand, kommt.

Im Gegensatz zu den Küstenregionen, in denen ein Hurricane oft eine ziemliche Katastrophe bedeutet, ist man da in Orlando etwas gelassener, wenngleich sich auch hier noch enorme Auswirkungen zeigen können, die grundsätzlich Lebensgefahr bedeuten!

Durchschnitt	Wetter in Orlando											
Maximale Temperatur	22°	22°	25°	29°	31°	32°	33°	33°	32°	29°	25°	23°
Minimale Temperatur	10°	10°	13°	16°	19°	21°	23°	23°	23°	19°	14°	11°
Regentage	6	7	8	6	9	14	17	16	14	9	6	6
	Jan	Febr	März	Apr	Mai	Juni	Juli	Aug	Sept	Okt	Nov	Dez

ANHANG

062or-ho

Kleine Sprachhilfe Amerikanisch

Für einen tieferen Einstieg in die Sprache seien an dieser Stelle die Reisesprachführer „Amerikanisch – Wort für Wort" (Kauderwelsch-Band 143), „American Slang" (Kauderwelsch-Band 29) und „More American Slang" (Kauderwelsch-Band 67) aus dem Reise Know-How Verlag empfohlen.

Begrüßung und Höflichkeit

Guten Morgen	*Good morning* (bis mittags)
Guten Tag	*Good afternoon* (ab mittags)
Guten Abend	*Good evening*
Gute Nacht	*Good night*
Auf Wiedersehen	*Goodbye/Bye-bye/ See you* (umgangssprachlich)
Willkommen!	*Welcome!*
Mein Name ist ...	*My name is ...*
Wie heißen Sie?	*What's your name?*
Schön Sie/Dich kennenzulernen/zu sehen.	*Nice/Good to see you.*
Entschuldigen Sie ...	*Excuse me, please, ...* (bei Fragen)
Verzeihung!	*Sorry/Pardon me!*
Bitte	*Please* (bei Fragen, Bitten)
Danke	*Thank you/Thanks*
Bitte, gern geschehen	*You are (very) welcome*
Könnten Sie mir bitte sagen ...	*Could you, please, tell me ...*

Allgemeine Fragen und Wendungen

Ich bin/Wir sind ...	*I am .../We are ...*
Das ist/sind ...	*This is/These are ....*
Wo ist/sind ...?	*Where is/are ...?*
Wo kann ich ... bekommen?	*Where can I get ...?*
Was ist das?	*What's that?*
Haben Sie ...?	*Have you got ...? I am looking for ...*
Wie viel kostet ...?	*How much is ...?*
Ich verstehe nicht.	*I don't understand.*
Sprechen Sie Deutsch?	*Do you speak German?*
Wie heißt das auf Englisch?	*What's that in English?*
vielleicht	*perhaps, maybe*
wahrscheinlich	*probably*
Ist es möglich ...?	*Is it/Would it be possible ...?*
Wer?	*Who?*
Was?	*What?*
Wie?	*How?*
Wie viel(e)?	*How much?* (Menge) *How many?* (Anzahl)

+++ Die wichtigsten Wörter mit dem Bonus-Audiotrack des Kauderwelsch-

Zeit

Wie spät ist es?	*What time is it?*
Es ist 10 Uhr	*It's 10 a.m. (ante meridiem)*
Es ist 22 Uhr	*It's 10 p.m. (post meridiem)*
Mittag/Mitternacht	*noon/midnight*
heute	*today*
morgen	*tomorrow*
gestern	*yesterday*
morgens	*in the morning*
nachmittags	*in the afternoon*
abends	*in the evening*
früh/früher	*early/earlier*
spät/später	*late/later*

Wochentage

Montag	*Monday*	Freitag	*Friday*
Dienstag	*Tuesday*	Samstag	*Saturday*
Mittwoch	*Wednesday*	Sonntag	*Sunday*
Donnerstag	*Thursday*	Feiertag	*holiday*

Geldangelegenheiten

Geld, Kleingeld, Bargeld	*money, change, cash*
1 Dollar ($)	*„buck" (100 cent)*
1/5/10/25 Cent (c.)	*penny/nickel/dime/quarter*
Tausender	*grand*
Geldautomat	*ATM (automated teller machine)*
Kreditkarte	*credit card*
Reisescheck	*travelers cheque/check*
Ausweis	*ID (identification papers/card), passport*
Steuer	*tax*
Gebühr	*fee*

Unterwegs

Wie weit ist es bis …?	*How far is it to …?*
Ist das der richtige Weg nach …?	*Is this the right way to …?*
Nord, Süd, Ost, West	*north, south, east, west*
links, rechts	*left, right*
geradeaus, zurück	*straight (ahead), back (to)*
Ampel, Kreuzung	*traffic light(s), junction*
Auto/Mietwagen	*car, vehicle/rental car*
Autovermietung	*car rental station*

Lastwagen	*truck*
Motorrad	*motorcycle, bike*
Benzin	*gas*
Tankstelle	*gas station*
Führerschein	*driver's license*
Panne/Pannenhilfe	*breakdown/roadside assistance*

Öffentliche Verkehrsmittel

Fahrkarte	*ticket*
Tageskarte	*day pass*
einfache Fahrt	*one-way trip*
hin und zurück	*round trip*
Schienenverkehr (Tram, U-/S-Bahn)	*light rail*
Straßenbahn	*tram, streetcar*
U-Bahn	*subway, metro*
(Bus-)Bahnhof/-Haltestelle	*(bus) station/stop*
Zug/Bahnhof	*train/train station, railroad station*
Schiff/Fähre	*boat/ferry*

Unterkunft

Haben Sie ein Zimmer frei?	*Any vacancy? Do you have a room available?*
Zimmer frei/besetzt (Schilder)	*Vacancy/No vacancy*
Reservierung	*reservation*
Einzel-/Doppelzimmer ... mit einem Bett/ ... mit zwei Betten ... mit Frühstück	*single/double room* *... with one (king-size)/* *... with two (queen-size) beds* *... with breakfast included*
Badezimmer	*bathroom*
Dusche, Badewanne	*shower, bathtub*
WC	*bathroom, restroom, ladies'/men's room*
behindertengerecht	*handicapped accessible/ handicap-accessible*
Aufzug, Treppe, Rolltreppe	*elevator, stairs, escalator*
Stockwerk	*floor*
Parterre/erster Stock	*ground floor oder first floor/second floor*

Essen und Trinken

Speisekarte	*menu*
Ich möchte ... bestellen	*I would like (to order) .../I will take ...*

Rechnung	*check*	Mittagessen	*lunch*
Tagesgericht	*daily special*	Abendessen	*dinner/supper*
Vorspeise	*appetizer*	Bedienung (m/w)	*waiter/waitress*
Hauptgericht	*entree/entrée*	Trinkgeld	*tip, gratuity*
Nachspeise	*dessert*	essen	*to eat*
Frühstück	*breakfast*	trinken	*to drink*

REISETAGEBÜCHER –
Notizen von unterwegs

Die **Reisetagebücher** haben 133 Seiten zur freien Gestaltung. Es gibt noch eine Packliste, eine Budgetliste und Adress-Seiten zum Ausfüllen. Und natürlich viel Nützliches für unterwegs. Sie sind liebevoll illustriert mit alten Stichen von Tieren, Pflanzen und Fortbewegungsmitteln aus aller Welt oder mit Mustern aus aller Welt. Aufgelockert mit Gedanken und Zitaten zum Thema Reisen.

Sie sind zuverlässige und verschwiegene **Gefährten auf Reisen**. Egal ob Wochenendausflug oder Langzeitreise, ob in den Bergen, am Strand oder in der Stadt. Zwei Journale für Fernweh und Wanderlust, Wichtiges und Unwichtiges, Schönes und Schwieriges ...

- Weltkarte
- Kontinente und Zeitzonen
- Immerwährender Kalender
- Reiseverzeichnis
- Sprachhilfe ohne Worte

160 Seiten | € 12 [D]
ISBN 978-3-8317-3020-9

160 Seiten | € 13,90 [D]
ISBN 978-3-8317-3120-6

Register

Die Autoren

Klaudia und Eberhard Homann bereisen seit Ende der 1970er-Jahre gemeinsam die Welt. Neben europäischen Destinationen führen ihre Touren sie immer wieder nach Südostasien, in den Mittleren Osten, die USA und nach Mexiko. Die Freizeitpädagogin Klaudia ist dabei speziell an der kulturellen Vielfalt interessiert, während der Biologe Eberhard überall auf der Suche nach exotischen Pflanzen und Tieren ist oder die Unterwasserwelt erkundet. Seit 1992 werden die beiden von ihrer Tochter begleitet, die sich zunehmend in das aktive Reisen und Recherchieren einbringt.

Orlando ist für die Autoren immer wieder eine faszinierende Destination, denn hier gibt es ständig etwas Neues zu entdecken, eine interessante Nightlife- und Gastronomieszene lockt, man kann gut einkaufen und hat einen spannenden Einblick in die Natur.

Schreiben Sie uns

Dieses Buch ist gespickt mit Adressen, Preisen, Tipps und Daten. Unsere Autoren recherchieren unentwegt und erstellen alle zwei Jahre eine komplette Aktualisierung, aber auf die Mithilfe von Reisenden können sie nicht verzichten. Darum: Teilen Sie uns bitte mit, was sich geändert hat oder was Sie neu entdeckt haben. Gut verwertbare Informationen belohnt der Verlag mit einem Sprachführer Ihrer Wahl aus der Reihe „Kauderwelsch".

Kommentare übermitteln Sie am einfachsten, indem Sie die Web-App zum Buch aufrufen (siehe Umschlag hinten) und die Kommentarfunktion bei den einzelnen auf der Karte angezeigten Örtlichkeiten oder den Link zu generellen Kommentaren nutzen. Wenn sich Ihre Informationen auf eine konkrete Stelle im Buch beziehen, würde die Seitenangabe uns die Arbeit sehr erleichtern. Unsere Kontaktdaten entnehmen Sie bitte dem Impressum.

Impressum

Klaudia und Eberhard Homann

CityTrip Orlando

1. Auflage 2019

ISBN 978-3-8317-3107-7

Druck und Bindung:
Media-Print, Paderborn

Herausgeber: Klaus Werner
Layout: amundo media GmbH (Umschlag, Inhalt), Peter Rump (Umschlag)
Lektorat: amundo media GmbH
Karten: Ingenieurbüro B. Spachmüller, amundo media GmbH
Anzeigenvertrieb: KV Kommunalverlag GmbH & Co. KG, Alte Landstraße 23, 85521 Ottobrunn, Tel. 089 928096-0, info@kommunal-verlag.de
Kontakt: Osnabrücker Str. 79, 33649 Bielefeld, info@reise-know-how.de

Alle Angaben in diesem Buch sind gewissenhaft geprüft. Preise, Öffnungszeiten usw. können sich jedoch schnell ändern. Für eventuelle Fehler übernehmen Verlag wie Autoren keine Haftung.

Bildnachweis

Umschlagvorderseite: ©Richard - stock.adobe.com | Umschlagklappe rechts: die Autoren
Soweit ihre Namen nicht vollständig am Bild vermerkt sind, stehen die Kürzel an den Abbildungen für die folgenden Fotografen, Firmen und Einrichtungen. Klaudia und Eberhard Homann: ho

Liste der Karteneinträge

068or-ho

Nichts für Menschen mit Höhenangst: Orlando vom Heißluftballon aus erleben (s. S. 10)

92 [K6] Spiral Circle Inc S. 74
93 [C12] Athletic Planet S. 74
95 [C12] Special Tee Golf & Tennis S. 74
97 [C12] Boot Factory Outlet S. 75
99 [A14] Camera Center Megastore S. 75
•106 [J7] Honorarkonsulat der Bundesrepublik Deutschland S. 101
109 [A14] Visit Orlando S. 104
110 [E10] The Mall at Millenia Concierge Desk S. 104
111 [J8] Downtown Information Center S. 105
112 [K6] The LGBT+ Center Orlando (The Center) S. 108
114 [M8] Southern Nights Orlando S. 108
118 [A16] Dr. P. Phillips Hospital S. 109
122 [B14] Walgreens S. 110
•125 [B15] Pirate's Cove Adventure Golf S. 112
•126 [D12] Putting Edge Glow-In-The-Dark Mini Golf S. 112
128 [C12] Orlando Police – International Drive Team S. 113
129 [C12] USPS S. 114
132 [J8] Aloft Orlando Downtown S. 122
133 [A15] Avanti Resort S. 122
134 [B15] Castle Hotel, Autograph Collection S. 123
136 [C13] Days Inn Orlando International Drive S. 123
138 [C13] Hampton Inn near Universal Blv/International Dr S. 123
139 [B15] Hampton Inn Orlando-International Drive/ Convention Center S. 123
142 [A16] Rosen Inn at Pointe Orlando S. 123
144 [B13] The Enclave Hotel & Suites S. 124

Zeichenerklärung

- Hauptsehenswürdigkeit
- [E5] Verweis auf Planquadrat im City-Faltplan
- Arzt, Apotheke, Krankenhaus
- Bar, Bistro, Klub, Treffpunkt
- Bibliothek
- Café
- Denkmal
- Friedhof
- Hotel, Unterkunft
- Imbiss, Bistro
- Informationsstelle
- Kirche
- Mall, Geschäft, Markt
- Museum
- Musikszene, Disco, Tanz
- Parkplatz
- Polizei
- Post
- Restaurant
- Sonstiges
- Theater
- Vegetarisches Restaurant

- Stadtspaziergang International Drive (s. S. 15)
- Stadtspaziergang Downtown (s. S. 18)
- Shoppingareal
- Gastro- und Nightlife-Areal

- ★★★ nicht verpassen
- ★★ besonders sehenswert
- ★ wichtig für speziell interessierte Besucher

Hier nicht aufgeführte Nummern liegen außerhalb der abgebildeten Karten. Ihre Lage kann aber wie die von allen Ortsmarken im Buch mithilfe der Web-App angezeigt werden (s. S. 144).

Orlando mit PC, Smartphone & Co.

QR-Code auf dem Umschlag scannen oder **www.reise-know-how.de/citytrip/orlando19** eingeben und die **kostenlose Web-App** aufrufen (Internetverbindung zur Nutzung nötig)!

- ★ **Anzeige der Lage und Satellitenansicht aller** beschriebenen Sehenswürdigkeiten und touristisch wichtigen Orte
- ★ **Routenführung** vom aktuellen Standort zum gewünschten Ziel
- ★ **Exakter Verlauf** der empfohlenen Stadtspaziergänge
- ★ **Audiotrainer** der wichtigsten Wörter und Redewendungen
- ★ **Updates** nach Redaktionsschluss

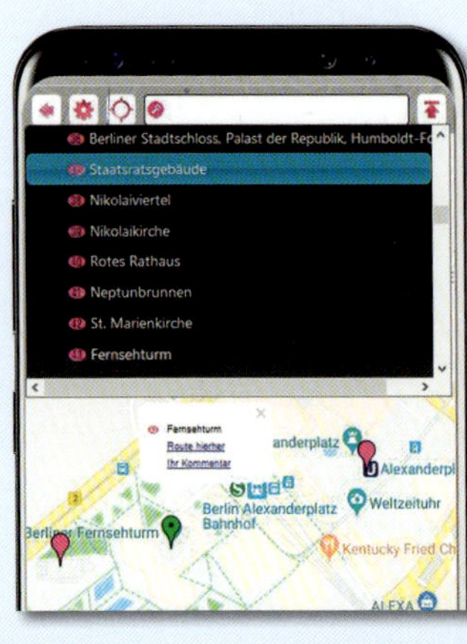

GPS-Daten zum Download

Die GPS-Daten aller Ortsmarken und Spaziergänge können hier geladen werden: www.reise-know-how.de, dann das Buch aufrufen und zur Rubrik „Datenservice" scrollen.

Stadtplan für mobile Geräte

Um den Stadtplan auf Smartphones und Tablets nutzen zu können, empfehlen wir die App „Avenza Maps" der Firma Avenza™. Der Stadtplan wird aus dieser App heraus geladen und kann dann mit vielen Zusatzfunktionen genutzt werden.

Unsere App-Empfehlungen zu Orlando

- › **Visit Orlando Destination App:** offizielle App von Visit Orlando mit Karten, Infos zu Hotels, Events und Sights etc. (für Android und iOS, gratis)
- › **Orlando ParkIN':** Diese App hilft dabei, Parkplätze zu finden (für iOS, gratis).
- › **Orlando MCO Airport (Android)** bzw. **Orlando MCO (iOS):** die offizielle App des Flughafens mit allen Infos rund um den Airport, also auch Shopping und Gastronomie (gratis)
- › **City Guides by Where Traveler:** Diese App des Where-Magazins bietet stets aktuellste Infos zu allen wichtigen Details der Stadt (für iOS, gratis).
- › **VisitorTips:** Mit der App, die optisch wie ein Display mit Broschüren aufgebaut ist, kann man auf eine Vielzahl von Rabattcoupons zugreifen (für Android und iOS, gratis). Dies ist auch unter www.visitortips.com/usa/fl/orlando möglich.
- › weitere Apps s. S. 107
